北京市博士后工作经费资助项目
Beijing Postdoctoral Research Foundation

犯罪与刑罚经济分析初探

张学永◎著

Fanzui Yu Xingfa
Jingji Fenxi
Chutan

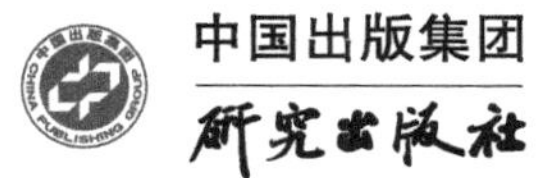
中国出版集团
研究出版社

图书在版编目（CIP）数据

犯罪与刑罚经济分析初探 / 张学永著 . — 北京 : 研究出版社 , 2018.8

ISBN 978-7-5199-0502-6

Ⅰ . ①犯… Ⅱ . ①张… Ⅲ . ①犯罪学—法律经济学—研究②刑罚—法律经济学—研究 Ⅳ . ① D917-05 ② D914.1-05

中国版本图书馆 CIP 数据核字 (2018) 第 199157 号

出 品 人：赵卜慧

责任编辑：张立明　庞　敏

犯罪与刑罚经济分析初探

FANZUI YU XINGFA JINGJI FENXI CHUTAN

作　　者　张学永　著
出版发行　研究出版社
地　　址　北京市朝阳区安定门外安华里 504 号 A 座（100011）
电　　话　010-64217619　　64217612（发行中心）
网　　址　www.yanjiuchubanshe.com
经　　销　新华书店
印　　刷　北京建宏印刷有限公司
版　　次　2018 年 8 月第 1 版　　2018 年 8 月第 1 次印刷
开　　本　787 毫米 × 1092 毫米　　1/16
印　　张　11.25
字　　数　147 千字
书　　号　ISBN 978-7-5199-0502-6
定　　价　39.00 元

摘　要

法律经济学从其诞生之初至今，已经在世界范围内取得了迅猛的发展，并产生了巨大的影响力。随着法律经济学研究队伍的不断壮大及研究内容的不断深入，法律经济学和法学各部门法的结合也越来越密切。而在我国，法律经济学的发展还处于初级阶段，法律经济学和其他部门法的结合还不够深入和普及。尤其是刑法学领域，运用法律经济学的思维方式、研究范式来思考和解读刑法学问题的学者还是凤毛麟角，相关作品也比较稀缺，这和法律经济学在法治发达国家的繁荣形成了鲜明的对比。法律经济学在我国的发展还有很长的路要走。法律经济学和刑法学科的融合，也还需经历一个不算短暂的过程。不过，目前的刑法学领域已经有学者运用法律经济学的研究方法，结合传统刑法学的理论，来研究刑法学问题。这无疑是一个可喜的开端。学者们相信，法律经济学与刑法学的融合不仅拓宽了法律经济学研究的领域，也在很大程度上帮助了刑法学科的发展。

当然，由于法学学科所具有的悠久历史，相对年轻得多的法律经济学甫一诞生，就面临很多传统法学者的质疑和批判。由于经济学追求资源配置效率、过于注重经济效益的固有特征，法律经济学在一定时期内也在很大程度上受到经济学理论的过深影响，从而对法律所追求的公平正义价值有所忽略或者说没有足够重视，使得法律经济学研究受到很多学者的误解甚至抵制。在私法领域，比如民商事法律领域，经济学和法律的价值追求具有很大程度的一致性，都对经济运行的效率给予了足够的关注，因此，法律经济学的研究方法在私法领域畅行无阻。但是，在公法领域，因为存在很大程度上的价值目标的分歧，法律经济学的应用就面临很多困难乃至冲突。然而，法律经济学的方法论，完全可以应用到公法的研究中，因为方法论本身是中性的，经济学理论也具有强大的解释力，我们只需在研究问题时改变预设条件，或者在价值取向上稍加调整，就能将法律经济学的研究方法更为广泛地应用到公法的研究中去。

产权理论和科斯定理是法律经济学诞生之初的基础理论，可以说，在很大程度上，科斯定理是理解法律经济学的一把钥匙，尤其是在民商法领域，很多法律制度的规定可以通过科斯定理予以合理的解释。效用理论也对法学研究具有重要的启示和意义。和经济学不同的是，法律经济学视野里的效用，更多的不是经济意义上的，还有很多非经济意义上的效用，比如满足公众对公平正义的期待，也是一种非常重要的效用。在法律领域，尤其是公法领域，这种非经济的效用有时甚至比经济效用更为重要，当然其在效用的排序可能也就比较靠前了。只有理解了这一点，在运用成本－收益理论分析法律问题时，才不至于得出有违公正甚至有违公众常识性心理期待的荒谬结论。经济学者和法律学者对新劳动合同法的不同评价，充分说明了这一点。制度变迁理论对于法学研究来说，也具有极为重要的价值和意义。法律制度的变迁过程，充分印证了制度变迁理论的优越性，而对制度变迁理论的理解和把握，也有助于我们更好地思考法律制度的改革路径与制度设计的合理性。博弈论作为一种新兴的经济学理论，在法学研究中也具有广泛的应用前景，比如在共同犯罪的领域，对共犯的处罚规定，在很大程度上可以借鉴博弈论的研究结论。

成本－收益分析理论是法律经济学研究的核心工具之一，对法律制度的成本－收益分析，为制度决策提供了可供参考的重要依据。而经济学中的经济人假定和法学中的理性人假定具有很高的相似性，这为犯罪行为的法律经济学分析提供了合理的注脚。当然，法律制度的成本除了经济成本之外，还有大量的非经济成本，这是必须加以重视并认真研究的，否则，只重视法律制度的经济成本，就很容易陷入唯经济效益论的泥潭，从而难保研究结论的合理性和科学性，也无助于决策保持合理性和可接受性。对犯罪行为的法律经济学分析正是运用成本—收益分析理论，全面考量犯罪行为的成本与收益，从而为犯罪预防提供一个科学的思维路径，使刑罚配置更好地为打击犯罪、预防犯罪服务。对犯罪行为的成本—收益分析，有其自身的不足，但是也有其独特的优势。不足的方面，一是犯罪行为的非经济成本在很多时候是难以计算的，这就造成比较上的困难。二是犯罪行为的收益同样存在类似的问题，有些非经济方面的收益也是难以衡量的。三是个体偏好的不同，这就造成不同的个体对犯罪行为所需支出的成本和所能产生的收益具有不同的判断，也会对成本—收益的分析结果得出不同的结论。四是机会成本的差异会造成不同的个体在面对犯罪行为的收益时作出不同的选择。五是成本—收益分析会隐含道德风险，因为在有些时候，道德差异、公平正义等理念冲突和价值追求难以用成本—收益分析的方法予以完善的解决。优势的方面，法律经济学理论具有其独特的优势。根据马克思主义的基本原理，法律作为上层建筑的组成部分，和经济基础具有密切的联系。因此，法律和经济的联姻具有历史的必然性。而且，经济理论确实具有强大的解释力，理论的发展和实践均已证明，经济理论不仅可以分析人类的经济活动行为，还可以分析人类经济活动之外的其他行为。也就是说，所有的人类行为，都可以从经济学的角度加以分析。而且，经济学理论中的功利主义色彩对法律规范来说，具有极为重要的参考价值和指导意义，因为法律规范不能没有成本与收益的考量。对于刑罚配置来说，必须充分考虑其成本与收益，即考虑刑罚的效益性，而制度变迁理论又可以在考虑刑罚效益性的基础上，为刑罚制度的改革提供具有可行性的科学路径。

在传统的刑罚理论中，大陆法系国家关于刑罚本质的理论主要有报应刑论、预防刑论和折中刑论，而英美法系国家的相关理论包括刑罚报应论、刑罚功利论和刑罚折中论，二者其实没有本质的区别，都是关于刑罚本质的几种代表性理论。刑罚本质到底是报应还是预防犯罪的需要，或者是二者兼而有之，在刑法学说史上一直是一个众说纷纭、争论不休的话题。我国刑罚理论中也存在类似的争论。在我国漫长的刑法史上，刑罚本质上是一种带给受刑人肉体和精神痛苦的惩罚的观点长期占据主导地位。不过，随着社会经济政治文化的不断发展，关于刑罚的本质是惩罚和教育以及刑罚的本质是预防的观点，也逐渐得到了很多人的认同。总体来看，我国刑法理论界对刑罚本质认识的分歧和国外刑罚理论具有相似性，主要有报应本质、预防或教育本质、报应和预防的双重本质等几种代表性的观点。笔者认为，刑罚的本质是一种报应和惩罚，它给受刑人带来肉体和精神的痛苦，其惩罚性不言而喻。并且，这种报应和惩罚是在法律规定的框架下展开的，因此，法律报应论是对刑罚本质的最恰当的概括。

和关于刑罚本质的不同观点相对应的，关于刑罚的功能也有几种不同的观点。国外刑法理论中对刑罚功能的研究，也经历了从报应主义的刑罚功能论、功利主义的刑罚功能论到综合主义的刑罚功能论的变化。这一发展变化，和关于刑罚本质的认识的发展历程非常相似，具有历史的合理性和进步性。我国刑法学者关于刑罚功能的观点也多种多样，但基本超不出报应功能、功利功能和折中功能这几个范畴。笔者认为，综合起来，刑罚的功能包括报应和惩罚功能、剥夺和限制功能、教育和改造功能、威慑和预防功能、补偿和安抚功能、保护和保障功能等。

关于刑罚的目的，国外刑法理论和国内刑法理论均存在各种对立的观点，主要有报应或惩罚的刑罚目的观、预防或功利的刑罚目的观及一体论

（二元、混合、折中或综合）的刑罚目的观。正确认识刑罚的目的，需要区分刑罚的本质、刑罚的功能和刑罚的目的几个相互联系又有所不同的概念。刑罚的本质是刑罚的内在属性，具有质的规定性，刑罚的功能是指刑罚所能产生的客观作用和客观效果，刑罚的本质和功能都属于客观范畴，具有不以人的意志为转移的客观性特征。刑罚的目的则属于主观范畴，是指国家通过制定、裁量、执行刑罚等一系列过程所欲达到的目标和结果，具有主观性的特征。从法律经济学的视角来看，刑罚的目的既包括惩罚和报应，也包括教育和预防，后者包括一般预防和特殊预防。在这样的刑罚目的的指导之下，刑罚配置的原则包括公正性、平等性、效益性和人道性等。

关键词：法律经济学分析；行为决策机制；刑罚目的；刑罚配置

Abstract

Since its birth until now, law and economics has achieved rapid development throughout the world, and has produced huge influence. With the growing of law and economics research team and the deepening of the research content, the combination of law and economics and the department of law is becoming more and more closely In our country, the development of law and economics is still in its infancy,but the combination of law and economics and other sectors is not deep and universal.Especially in the field of criminal law, the scholar who using the research pattern for thinking of the problem in law and economics way, and the related works are relatively scarce, which in the prosperity of the developed countries under the rule of law and law and economics is in stark contrast. Development of law and economics in our country, there is still a long way to go. The fusion of law and economics and criminal law science, still need to experience a long process. However, , the field of criminal jurisprudence have been studied by scholars using the research methods of economics, and combining the traditional criminal jurisprudence theory, to study the problem of punishment law.This is a good beginning. Believe that the fusion of law of economics and punishment law is not only widen the researching field of law economics, but also largely contribute to the development of criminal law.

Of course, due to the disciplines of law has a long history, the law and economics is relatively much younger since it was born, facing many traditional method scholars questioned and criticized.

Due to economics,has the inherent characteristics to pursue resource allocation efficiency, and too much attention to the economic efficiency , law and economics has a large extent affected deeply by economics theory in a certain period , thus the law's pursuit of fairness and justice value has been ignored, or not enough attention, make the law of economics research misunderstood and even resisted by many scholars. In the field of private law, such as the field of civil and commercial law, economics and the value pursuit of law has the very big degree of consistency, both give enough attention to the efficiency of economic operation , therefore, law and economics research methods is checkless in the field of private law. However, in the field of public law, because the goal of value to a large extent the differences, application of law and economics is facing many difficulties and conflicts. The methodology of law economics , however, completely can be applied to the study of public law, because the methodology itself is neutral, economic theory also has strong explanatory power, we simply change the preparatory condition in the research question, or make a few adjustments on the value orientation, which can make law and economics research methods is more widely used in the study of public law.

Equity theory and Coase Theorem is the foundation of the beginning born of law and economics , we can say that to a large extent, Coase Theorem is one of the keys to understand the law economics, especially in the field of civil and commercial law, the regulation of many legal system can be given a reasonable explanation by Coase Theorem. Utility theory to legal research also has important inspiration and significance. Unlike economics, the utility of law economics view, more is not economic sense, there are many non-economic sense of the utility, such as meet the hopeful for fairness and justice for the public is also a kind of very important utility, in the field of law,especially in the public law field, the non-economic utility of sometimes even more important than economic utility, well , their the sort of utility, of course, is the front. when understand that, analysis legal question with Cost-Benefit Theory, can't go so far as to reach a absurd conclusions that violating injustice or even violating the public common sense psychology could not expect. Economists and legal scholars have the different evaluation of the new labor contract law, fully illustrates this point. Institutional change theory for legal research, also has very important value and significance. The vicissitude process of legal system, fully confirmed the superiority of the institutional change theory, and the understanding and grasp of the institutional change throey,also help us to better thinking of the reform path of the legal system and the rationality of system design. As a new economic theory, game theory in the study of law also has extensive application prospects, such as in the field of joint crime, penalty provisions of accomplice in the very great degree can draw lessons from the research of game theory.

Cost-benefit theory is one of the core tools of law and economics investigation, analysis the cost-benefit of legal system , has provided the important reference basis for decision-making system. while the suppose of economic man in economics has more similarity with the assumptuon of rational man in law , it offers a reasonable footnote for the legal economic analysis of criminal behavior. Of course, the cost of the legal system in addition to the economic costs, there are a lot of non-economic cost, it's must be considered and studied hard, otherwise, only attach importance to the economic costs of the legal system, it is easy to fall into the mire of the only economic benefit theory, which would be difficult to ensure the rationality and scientific nature of the research conclusions, also make no contribution to decision rationality and acceptability. Law and economics analysis of the criminal act is on the basis of the theory of cost-benefit analysis, comprehensive consideration the costs and benefits of criminal behavior, which provide a scientific thinking path for crime prevention , is configured to better fight crime, and serviced for crime prevention. Cost-benefit analysis of the criminal behavior, has its own shortcomings, but also has its unique advantages. Insufficient aspects, the first is the non-economic costs of criminal behavior in many cases is hard to calculate, this is making it's difficult to compare. The second is the income of criminal act also exist the similar problems , some of the non-economic aspects of the income is also difficult to measure. The third is the difference between the individual preference, which will cause the different individual have different judgment for needing to pay for the cost of the crime and generating earnings, and also lead to different condustion to the cost-benefit analysis result. The forth is the differences of opportunity cost can lead to different individual in the face of crime proceeds, will make a different choice.The fifth is cost-benefit analysis implied moral hazard, because in some cases,value conflict and the pursuit like a moral difference, and fairness and justice fairness and justice and so on are difficult to use the method of cost-benefit analysis to improve the resolution. Advantage aspect, law economics theory has its unique advantages. According to the basic principle of Marxism, the law as a part of the superstructure, has a close relation with the economic base. Therefore, legal and economic marriage has the inevitability of history. And, economic theory did has strong explanatory power, the theory and practice have both proved that economic theory not only can analyze the behavior of human economic activities, also can analyze other behavior outside of human economic activities. That is to say, all human behavior, can be analyzed with economics. And for legal norms ,utilitarianism colour in the theory of economics, has very important reference value and guiding significance, because laws don't may not have the considerations of costs and benefits. For punishment configuration, the costs and benefits must be fully considered , that is,not only consider the profitability of punishment , and on the basis of considering punishment profitability, institutional change theory provides a feasible science path for the reform of the penal system.

In the traditional penalty theory, the punishment nature theory in the civil law countries is mainly about retribution punishment theory, prevention of punishment theory and compromise theory, and common law system countries related theory including the penalty retribution theory, utility theory and compromise theory, in fact there is no essential difference between them, are several representative theories about the nature of the punishment. Nature of punishment is retribution or crime prevention needs, or both, always been a controversial and debated topic in criminal law theory in the history. In our penal theory there is a similar debate. In the long history of criminal law in our country,the point about penalty is essentially a kind of punishment that brings painful for the prisoner's physical and mental dominant for a long time. However, with the continuous development of social economic and political culture, the view about the nature of penalty is punishment and education, as well as the nature of the punishment is to prevent , also gradually got a lot of people's attention. Overall, China's criminal law theory of penal essence understanding has differences and similarities with foreign penal theory, mainly include the nature of the retribution and prevention or education essence, retribution and prevention of the dual nature and several representative points of view. The author thinks that the essence of punishment is a kind of retribution and punishment,it brings to the prisoner physical and mental pain , the penalty is self-evident. And this kind of retribution and punishment is under the framework of law, therefore, the law of penalty retribution theory is the most appropriate generalization of the nature.

And correspond to the different views about the nature of the punishment, there also have different point of view on the function of punishment . Foreign criminal law theory for studying of penalty function, also has experienced from retribution punishment function theory, utilitarian penalty function theory to the comprehensive judgment theory. The development and changes,which is very approximate to the development of knowledge about the nature of the punishment , have progressive historical rationality. China's criminal law scholars have many views about punishment function, but the basic is not go beyond the retribution, utility function and compromise so several categories. The author thinks that, gather up to the threads, the penalty function including the retribution and punishment function, deprivation and restriction function, education transformation function, deterrence and prevention function, the function of compensation and comfort, protection and security, etc.

About the purpose of punishment, foreign criminal law theory and the domestic criminal law theory both have a variety of opposing points of view, mainly about penalty aim of retribution or punishment, prevent or utilitarian theory of penalty aim and one (binary, mixture and compromise or comprehensive) view of the penalty purpose. Correct understanding of the purpose of punishment, need to distinguish the nature of the punishment, the penalty function and penalty purpose for mutual connection but different concepts. The nature of punishment is the intrinsic properties of penalty, has qualitative regularity, the function of punishment is refers to the objective function and the objective effect , the nature of punishment and function are all belong to the category of the objective, is not in man's will transfer characteristics of objectivity. Penalty goal is belong to the category of subjective, is refers to the state formulates, discretion and execute a punishment that want to achieve the goal of, has the characteristics of subjectivity. From the perspective of law and economics , the purpose of punishment includes both punishment and retribution, and education and prevention, the latter which includes general prevention and special prevention. Under such penalty goal guidance,the principle of penalty configuration including fairness, equality, effectiveness and humanity and so on.

Keyword: Mechanism of behavioral decision; Analysis of Law and Economics ; The purpose of penalty; Penalty Configuration

目 录

第四章 预防犯罪行为暨刑罚配置的经济分析

绪　论

一、选题动机

法学作为一门古老的学科，其历史可谓源远流长，从现有发现最早的《汉谟拉比法典》算起，法学的历史至少已逾三千年。而从公元 1776 年亚当·斯密（Adam Smith）发表《国富论》（*The Wealth of Nations*）开启经济学之门户算起，也才仅仅两百多年的历史。[①]相比较而言，法学的历史远比经济学的历史悠久，因此，经济学对法学的入侵受到传统法学理念的抵制，就在情理之中了。

但是，经济学作为新兴的社会科学，其表现出的强大生命力令人惊叹，经济学对其他学科的入侵势不可挡，所以有“经济学帝国主义”之说。其实，作为有着悠久历史传统的法学，完全可以借鉴和吸收经济学的理论和研究方法，从而开辟一个全新的视域，这对法学研究来说，完全是有益而无害的。法律经济学在世界范围内的迅猛发展，也印证了这一点。

法律经济学作为经济学与法学的交叉学科，可以说是一门新兴的学问。

---

① 参见熊秉元：《法律经济学开讲》之林辉煌推荐序言《开拓法学新视野、新方法、新领域》，台湾时报文化出版企业股份有限公司 2007 年版，第 8 页。

因其强大的解释力，法律经济学越来越受到法学界的重视。笔者认为，一门学科只有能够和社会现实产生紧密的联系并对社会现实具有实在的影响，才能彰显其存在的价值。从法律经济学的视角，对中国的法制改革可以进行如下有意义的深入思考。

其一，法治观念已经深入人心，建设社会主义法治国家已经成为我们的治国方略。因此，法制的不断发展和完善应当成为我们必然的选择，只能前进，不能后退。否则，将会造成巨大的资源浪费和高昂的沉没成本。

其二，法制改革的推进必须经过详细的调研论证（其中当然应当包括公众的民主参与），分析其成本收益，进行效益最大化的选择，而不能盲动激进，以免造成难以弥补的损失。

其三，对于全人类共同的价值领域，我们可以借鉴法治发达国家的经验，发挥后发优势（比如程序的设计如何保障公平正义方面）；对于具有自己（国家）民族特色的领域，我们应该坚持自己的特色，发挥本土资源的优势，而不是机械盲目地模仿（比如民法中公序良俗的判断标准，各国有自己的文化传统和地方特色，不能盲目效仿别国）。

其四，关注制度变迁的影响因素，进行合理的改革方案设计并进行积极有效的推动，避免毫无用处的自说自话。

其五，对法律经济学进行积极的反思，重视法律的公平正义价值，避免庸俗的法律实用主义，从更全面、更综合的视角追求法制改革的效益最大化（比如张五常等经济学家所批判的新《劳动合同法》的实施，只是从单纯的经济学的视角思考问题，而忽视了对劳动者弱势方的保护是社会公平正义的体现和要求；至于其产生的负面影响，正是我们需要共同研究并思考对策从而加以避免的）。

笔者本科就读于河南农业大学经贸学院经济学专业，受到四年经济学专业知识的训练与熏陶，虽不敢说已经掌握了经济学这一门博大精深的学问，但是对于经济学的一些基本原理和基本理念，还是略通一二；研究生考上中国人民大学法学院法律硕士以后，又经受了两年法学知识的教育，人民大学法学院得天独厚的师资条件，使得笔者有机会畅游在法学知识的海洋中，不断地汲取营养，法治的精神和理念逐渐地融入心中。法律硕士毕业以后，笔者进入检察机关工作，对我国的刑事司法实务有了近距离的了解和接触，使得所学的法学知识能够不断接受实践的检验。

及至进入人民大学法学院攻读刑法学博士学位以后，笔者将更多的精力投入刑事法学理论的学习和研究当中。一个较为明显的现象是，在当前的刑事法律理论界，对犯罪论部分的研究吸引了大部分的学者，对刑罚论尤其是刑罚执行部分的研究相对比较薄弱。但是，后者在刑事司法实践中的地位又是举足轻重的，对犯罪人科处何种刑罚、科处什么程度的刑罚，以及对犯罪人科处刑罚的具体执行，不仅关系到对刑事法领域来说至关重要的公平正义的实现，而且关系到对犯罪人权利的保障和对犯罪人的教育改造。从维护社会公平正义、促进司法的社会效果，进而构建和谐社会的角度来说，刑罚的裁量和执行是刑事司法实践最为重要的环节。

而刑罚及其执行相关理论的研究，近年来可以说鲜有突出的成果。这也导致了刑事司法实践中遇到的一些争议问题，缺少理论的有效指引和支撑。比如，近些年来司法机关推行的刑事和解制度，屡屡被爆以“拿钱买刑”而饱受诟病。笔者认为，刑罚及其执行领域，是刑法学领域中最能发挥法律经济学理论优势的部分。当然，从世界范围内来看，法律经济学理论在刑法学领域的应用还远不够普及，因为刑法学科自己悠久的历史传统比较排斥注重实用和效率的经济学理论，更为重要的是，刑法学者和经济学者之间存在着一些误会，使得法律经济学的理论，难以在刑法学领域得到广泛的应用。

后来，笔者有幸进入中国人民公安大学任教，成为一名光荣的人民警察和人民教师，同时又很幸运地进入首都经济贸易大学法学院做法律经济学方向的博士后研究，进一步加深对法律经济学理论和研究方法的理解。其实，法律经济学所得出的结论或许并不是最重要的，重要的是其研究方法和基本理念，可以在传统的刑法学研究方法之外，为我们提供一种新的思维方式和视角，拓宽学术研究的视野和领域。因此，笔者以此为选题，着重使用法律经济学的研究方法，来分析犯罪与刑罚问题，尤其是犯罪预防与刑罚配置问题，希望能够开辟刑法学研究的新视野、新方法，从而对我国的刑罚改革和刑事司法实践有所助益。

二、研究目的与现实意义

近些年来，我国司法实务界引起广泛争议的刑事案件，有相当大一部分是关于量刑方面的。从许霆案，到药家鑫案，再到最近受到广泛关注的云南“赛家鑫（李昌奎）”案，无不是关于量刑是否适当的争议案件。[①]还有至今仍在刑罚执行过程中的“最后一个流氓”案，也引起了理论界的密切关注。从这些案件的审理过程及其产生的影响、引起的争议来看，我国刑罚配置及刑罚的裁量过程，都值得理论界进一步研究和检讨。

随着社会政治经济文化的不断发展，我国现有的刑罚配置和刑罚执行体系已经难以适应社会进步的需要，刑罚制度改革已经是大势所趋。最近几年颁布的《中华人民共和国刑法修正案（八）》和《中华人民共和国刑法修正案（九）》，对死刑、自由刑、刑罚执行等刑罚制度进行了相应的修改，可以说拉开了我国刑罚制度改革的序幕。但是，长远来看，我国

① 虽然也有少数学者认为许霆的行为只是民事侵权行为而并不构成犯罪，但是法学界的主流观点还是认为许霆构成犯罪没有问题，但是无期徒刑的量刑过重。

刑罚制度的改革仍然任重道远。比如，学界长期以来持续关注的死刑问题，一直没有形成统一明确的意见。死刑制度是继续予以保留，还是应当取消，是很长一段时间内争论不休的问题。死刑案件的判决和执行，往往引起公众的极大关注，甚至引起很大的争议。另外，死刑、自由刑、财产刑、资格刑等刑种如何更为有效地配合和衔接，西方国家越来越推崇的保安处分、社区矫正等制度如何更好地为我们所借鉴和吸收，都是有待深入研究的重大理论问题。

法律经济学运用经济学的视角与分析方法，对如何合理地设置刑罚，如何更好地矫正犯罪人使其复归社会，能够提出更为有效的方案和措施。因为，人的行为——包括犯罪行为，都是一种理性选择的结果，而且每个人都是在自身拘束条件下，追求自己的利益最大化。因此，如何通过刑罚配置和执行更好地预防犯罪，并对已经实施犯罪的行为人施以最有效率的惩罚，使其重新成为一个遵纪守法的合格公民，正是法律经济学研究的重要内容。透过法律经济学的视域，或许可以得出一些令人豁然开朗的答案。当然，也存在另外一种可能，那就是笔者运用法律经济学理论研究刑罚及其执行问题之后所得出的结论，并没有什么特别之处，也未见有说服力。但是，正如苏力教授所言："法律经济学的思路和方法已经不再是一个词，它已经成为一个重要的法学研究的进路，是讨论许多重要的部门法问题甚至法学理论问题不可缺少的最重要的工具之一。"[①] 因此，笔者运用法律经济学的研究方法透视犯罪与刑罚问题，尤其是刑罚配置问题，至少是一次有益的尝试。

---

① （美）唐纳德·A. 威特曼编：《法律经济学文献精选》，苏力等译，法律出版社 2006 年版，中译本序第 2 页。

三、研究方法

除了传统的法学研究方法之外，法律经济学的研究方法和经济学研究方法密切相关。主流观点认为，经济学是一门研究资源有效配置的学科。广义上说，经济学是一门行为科学，它是关于选择的学问，即人如何在约束条件下，选择一种最为有效的方法，达到自己效用最大化的目标或目的。因此，其最核心的方法是成本—收益分析方法，其他相关的方法，比如效用分析，交易费用（或交易成本）分析，博弈论分析等，都是为最终的成本—收益分析提供基本的决策参考，综合所有的成本与收益，从而选择最优方案，最为有效地配置资源。

因此，法律经济学最核心的方法也是成本—收益分析方法，其目标在于，如何合理地配置立法和司法资源，以及如何设置规范，以最有效地规范人的行为，从而达到社会效用最大化的目标。在此，笔者想特别申明的是，社会效用最大化不等于社会财富最大化，这是法律经济学和经济学追求目标的最大不同，也是当前我国一些经济学家的观点难以为公众广泛接受的根本原因。社会财富最大化目标的缺陷在于，过于注重财富的增加，但是忽略了财富的分配正义，这有可能在增加社会总财富的同时，拉大贫富差距。通俗地说，就是“做蛋糕”和“切蛋糕”的问题。只关注将蛋糕做大，而不管怎么切，就是忽略了法律价值中最为重要的公平正义价值，可能导致社会不满情绪的产生，并可能引起社会的不稳定甚至动荡。历史已经无数次证明了这一点。

在相当长的时期内，我们国家的发展策略是“效率优先，兼顾公平”，这是在特定历史条件下、一定时期内我们国家为追求经济发展而做出的现实选择。而当经济高速发展、社会财富积累到一定程度时，公平问题就会更加凸显。改革开放之初，总设计师邓小平同志设计了鼓励一部分人先富起来，然后先富带动后富，最后实现共同富裕的发展方针，这个方针对我们统一认识、齐心协力、一心一意谋发展，从而能够由一个贫穷落后的大国不断发展成为一个经济大国，起到了关键作用，具有不可磨灭的历史贡献。但是，当经济发展到一定阶段，一部分人已经先富起来，贫富差距不断拉大以后，社会公平问题就会凸显，社会财富的再分配就会成为一个重大的社会问题。处理不好公平问题，高效率的发展肯定也难以为继。因此，党和政府及时调整了战略方针，将公平正义放到重要的位置，重点关注和解决事关公正的民生问题，让经济发展的成果真正地惠及全民，从而实现共同富裕的目标。这种转向对我们国家来说，无疑具有重大的历史和现实意义。

相应地，运用经济学方法研究法律问题时，不能忽略传统法律理念中一直非常珍视的公平正义的价值。当经济价值和公平正义的价值发生冲突时，一定要优先考虑后者，不能为了追求所谓的经济效益而牺牲公正。国人的传统观念中，一直有“不患寡而患不均”的思想，因此，不顾公平正义的经济增长无疑难以长久的持续。在笔者看来，这也是法律经济学和经济学最大的区别所在。法律经济学不是庸俗的实用主义，而是具有自己的价值操守。这是法律经济学中成本—收益分析方法的独特之处。

四、研究范围及架构

法律经济学所涉猎的范围极为广泛，几乎涵盖了所有的部门法领域。就刑法部门来说，法律经济学的方法可以研究任何一个刑法学问题。从犯罪论体系的变迁，到犯罪的认定，再到刑罚的配置与执行，可以说，从立法到司法以及执行的各个环节，都可以运用法律经济学的理念和方法进行分析和解读。受能力和精力所限，本书主要只是对犯罪与刑罚问题进行粗浅的法律经济学的分析，力图以一个新的视角，解读传统的犯罪与刑罚理论，并期望能够通过自己的分析，为我国的刑罚改革提供一个有益的参考。

基于选题为交叉学科的考虑，在绪论之后，笔者用一章的篇幅，在第一章进行了简要的理论回顾，介绍了法律经济学的发展简史及现状，对法律经济学所面临的误解和批评做了简要的总结和简单的评论，并进一步阐述了只有将法律经济学的方法论运用到部门法的研究中去，才能促进法律经济学的进一步发展和完善的观点，也为部门法学的研究开辟了一个新的视野、一条新的道路。在我国刑事法学的研究中，法律经济学方法的应用还极为有限，因此，笔者愿意做一个大胆的尝试，将法律经济学的方法应用到刑法学理论研究的过程中去。

由于法律经济学研究方法的特殊性，对于没有学习过经济学理论的法律人来说，可能会造成理解上的偏差或误会，因而，笔者在第一章中对犯罪行为的经济分析研究进行了一个简要的理论回顾，专门对法律经济学的基础理论做了介绍，重点介绍了产权与科斯定理、效用及边际效用理论、成本—收益理论、制度变迁理论、博弈论等微观和宏观的经济学理论。在很大程度上，这些经济学理论对于法律经济学的研究来说，是不可或缺的。不理解这些理论，就无法理解法律经济学的思维方式和思维逻辑，从而也很难充分理解法律经济学研究者的主张。此外，还对目前已有的涉及刑法经济分析的理论成果，包括专著和论文进行了简要的综述，以期能够站在前人的肩膀上，开展自己的研究。

第二章对犯罪行为进行了成本—收益分析，并通过对理性人（类似于法律上的“一般人”）的行为决策机制的介绍，进而和犯罪控制（包括惩治和预防）产生关联。刑罚的设定即为犯罪行为设置成本，通过合理的成本设定，可以使犯罪行为得不偿失，进而减少和预防犯罪行为的发生。

第三章为对惩罚犯罪行为的经济分析，对传统刑罚理论进行了梳理和回顾，对刑罚的本质、功能问题进行了比较分析，认为刑罚的本质是报应和惩罚，刑罚的本质和目的是不同层次的概念，应当将二者加以区分。而刑罚的功能是刑罚配置所能产生的社会效果。

第四章是对预防犯罪行为的经济分析。预防犯罪是刑罚目的的重要内容之一，也是现代刑罚目的最核心的内容。本章通过对刑罚目的的法律经济学分析，论证了刑罚配置的基本原则，以期能够使刑罚配置更好地为刑罚目的服务。

总之，笔者运用法律经济学的理论和方法研究传统的犯罪与刑罚问题，提出了一些研究犯罪与刑罚问题的新思路，也有一些新的见解。或许这些见解不能说服所有人，但是笔者相信，这样的思维方式可以为我国的刑法学研究以及刑罚改革，提供一些有益的参考和启发。

第一章

犯罪行为的经济分析

——一个研究背景的回顾

第一节 法律经济学简史回顾

法学和经济学作为人文社会科学的不同学科，具有不同的研究方法、思维方式和价值理念。但是，随着理论的不断演变和发展，法学和经济学与其他学科出现了不同程度的融合和交叉，形成了不同的理论分支和流派。法律经济学（Law and Economics, 也有法经济学、法和经济学、法与经济学等译法）就是经济学理论和法学理论不断融合而出现的交叉学科，它既是经济学理论的一个重要分支，也打破了自然法学派、社会法学派、分析法学派三足鼎立的传统格局，在法学理论研究中占据重要的地位。

法律经济学发端于20世纪30年代初的美国。一方面，现实主义法学运动在当时的美国风靡一时，这使得法学领域的研究和法学教育更为关注复杂的社会生活现实。另一方面，20世纪30年代的经济危机，使得自由市场经济理论面对经济大萧条显得无能为力，因而受到了质疑和批判，强调政府干预的凯恩斯主义得到了美国联邦政府的垂青，政府加强了对社会经济生活的干预，这客观上要求法律人，包括律师和法学院教授们了解更多的经济学知识。1939年，美国芝加哥大学法学院聘请了著名经济学家亨利·西蒙斯（Henry Simons）担任专职教授，并开设了“经济学分析与公共政策”课程。1946年，西蒙斯去世后，芝加哥大学法学院继续聘请著名经济学家艾伦·迪雷克特（Aaron Director）就职。迪雷克特开设了“经济学分析”和“反托拉斯法”两门课，将经济学分析的方法应用于对反托拉斯法的研究，并于1958年创办了《法律经济学杂志》（其英文名为“Journal of Law and Economics”，亦译作“法经济学杂志”“法学和经济学杂志”等）。[①]

20世纪60年代以前，法律的经济分析主要局限于反托拉斯法和公用事业管制等领域。1960年，同在美国芝加哥大学法学院的罗纳德·科斯（Ronald H. Coase）教授在《法学和经济学杂志》（1960年10月号）上发表了《社会成本问题》一文，引起了广泛的关注和争论，拓展了法律经济学的研究视野。1961年，盖多·卡拉布雷西（Gaido Calabresi）发表了《关于风险分配和侵权法的若干思考》一文，也拓展了法律经济学的研究领域。此后，法律经济学的研究疆域不断得到开拓，逐步覆盖了以下的领域：财产法、意外事故法、合同法、侵权法、种族关系、司法行政、公司和证券管制、环境问题、刑法和犯罪控制、程序法，以及当代法律制度中引人注目的其他领域。[②]

法律经济学在20世纪七八十年代有了蓬勃的发展。这一时期许多优秀的代表人物相继出现，并发表了很多学术成果。其中，芝加哥大学法学院的理查德·波斯纳教授，于1973年出版了他的法律经济学的经典著作之一——《法律的经济分析》，标志着法律经济学完整的理论体系的建立，同时也奠定了自己的学术地位，成为法律经济学领域最著名的代表人物。并且，法律经济学理论在之后取得了长足的发展和进步，不断对法律实践工作产生重要的影响。1981年，理查德·波斯纳、罗伯特·博克和温特三位法官被美国总统里根任命为美国联邦上诉法院法官，三者在法律经济学方面均

---

① 参见张乃根：《西方法哲学史纲》，中国政法大学出版社2008年第4版，第388—389页。

② 参见（美）理查德·波斯纳：《法律的经济分析》，蒋兆康译，中国大百科全书出版社1997年版，第一版序言第1页。

参见张乃根：《西方法哲学史纲》，中国政法大学出版社2008年第4版，第389页。

有非常深厚的造诣。1984 年，美国国会成立了一个旨在改革联邦法院对刑事案件的判决的委员会，法律经济学的一些研究成果得到了该委员会的明确应用。此外，还有不少法律经济学领域的著名学者进入美国联邦法院系统，并将法律经济学的分析方法应用到司法判决中。[①]

---

① 参见（美）罗伯特·考特、托马斯·尤伦：《法和经济学》（第五版），史晋川等译，格致出版社·上海三联书店·上海人民出版社 2010 年版，第 3 页。
参见柯华庆：《法律：做蛋糕与分蛋糕》，载 http://www.law—economics.cn/list.asp?unid=887,2008 年 12 月 12 日访问。

第二节 法律经济学在世界范围内的最新发展

一、当前的理论进展

目前，在世界范围内，法律经济学已经成为一门相对独立的学科，其影响力与日俱增。在法律经济学的发源地美国，基本上每一所顶尖的法学院的教师中，都至少有一个经济学家的身影，在欧洲一些法治发达国家的优秀法学院中，也有类似的情形。除了几本专门研究法律经济学的杂志外，其他法学刊物也发表了大量关于法律的经济分析方面的论文。并且，有研究发现，在美国主流的法学期刊发表的所有论文中，使用经济学分析方法的论文数量位居首位。①

在欧洲，法律经济学也获得了长足的发展。在德国，早期的法律经济学关注的领域主要是竞争和行政规制。随着研究的深入和时间的推进，法律经济学的研究领域逐步覆盖了法理学、刑法（犯罪学）、侵权和责任法、劳动法、破产法、宪法、民事和刑事程序法等领域。而且，各种关于法律经济学的专业研究机构也相继成立，比如明斯特（Münster）联合研究所、汉堡大学的法律经济学研究所、萨布肯大学（University of Saarbruecken）的法

① 参见（美）罗伯特·考特、托马斯·尤伦：《法和经济学》（译者）（第五版），史晋川等译，格致出版社·上海三联书店·上海人民出版社2010年版，第2页。

律经济研究中心等，这些学术研究机构对法律经济学领域的有关问题进行了卓有成效的研究，并有大量的学术成果公开出版。此外，各种有关的学术会议也经常召开，法律经济学的研究引起了广泛的关注。[①]虽然法律经济学的方法在一些国家受到了部分学者的漠视甚至批判，比如意大利司法实践中只在很少情况下应用了法律经济学的方法和理念，而法学家群体和经济学家群体都不太关注法律经济学，但是总体上来说，法律经济学的发展势头非常迅猛，在瑞典、墨西哥、葡萄牙、法国等国家，以及我国的台湾地区，法律经济学都获得了长足的发展或产生了重要的影响。[②]

在我国大陆地区，随着苏力教授等人对理查德·波斯纳系列作品的翻译引介，以及其他一些学者对相关领域作品的翻译出版，法律经济学已经成为一个新兴的研究领域，受到了经济学界和法学界的共同关注。部分经济学者和法学者发表了相关论文，还有学者出版了专著。比如，张维迎在《经济研究》2002 年第 1 期上发表了论文《法律制度的信誉基础》，张维迎、邓峰在《中国社会科学》2003 年第 3 期上发表了《信息、激励与连带责任——对中国古代连坐、保甲制度的法和经济学分析》，另有一些经济学或法学领域的学者出版关于法律经济学的若干作品，如中国人民大学出版社 2002 年出版了王成的《侵权损害赔偿的经济分析》，人民出版社 2004 年出版了魏建、黄立君、李振宇的《法经济学》，北京大学出版社 2004 年出版了张建伟的《转型、变法与比较法律经济学：本土化语境中法律经济学理论四维空间的拓展》，中国政法大学出版社 2005 年出版了黄文平、王则柯的《侵权行为

---

① 参见（德）罗兰·克斯汀（Roland Kirstein）:《德国法律经济学》，齐华英译，载冯玉军主编:《朝阳法律评论》第二辑，2009 年版，第 350 — 353 页。

② 参见冯玉军等编译:《十五个国家或地区法律经济学综述》，载冯玉军主编:《朝阳法律评论》第二辑，2009 年版，第 331 — 390 页。

的经济分析》，[①] 中国政法大学出版社2003年出版了张乃根教授的《经济学视野里的法律现象》。在刑法学领域，中国法制出版社1997年出版了陈正云的《刑法的经济分析》，北京大学的博士生、国家检察官学院副教授沈海平先生则于2009年由中国人民公安大学出版社出版了其作品《寻求有效率的惩罚——犯罪与刑罚的经济分析》，法律出版社2015年出版了河南警察学院王利宾教授的《法律经济学视阈下的民生犯罪刑法规制研究》。

二、法律经济学所面临的批评

虽然法律经济学的蓬勃发展成为了全世界范围内不可阻挡的历史潮流，但是它也面临了激烈的批评。诚如波斯纳所言，对于大部分的法学家和法科学生而言，将经济法则和具体的法律问题联系在一起，是相当困难的事情：谷类价格的波动会对小麦的价格产生影响、牛肉价格的上涨会影响到畜牧地的价格，这些问题容易理解，但是将这些问题与言论自由或犯罪联系起来，就显得比较难以理解。[②] 正因为如此，一些不太了解经济学理论的法律学者，对法律经济学提出了一些似是而非的批评，这类批评大都没有理解法律经济学的思维方式，而只是出于对传统法学理论极为陌生的经济学术语的误解或反感，进而产生的一种感性上的直觉与情绪上的反弹。但是，不可否认的是，也有一些学者对法律经济学提出的批评是中肯和有力的，这些批评，法律经济学的研究者们必须认真面对。

就笔者的视野所及，对法律经济学的研究者来说，不容回避的也是必

① 参见（美）唐纳德·A. 威特曼编：《法律经济学文献精选》，苏力等译，法律出版社2006年版，中译本序第2页。

② 参见（美）柏士纳：《法律之经济分析》，唐豫民译，台湾商务印书馆1987年版，第1页。

须认真面对并加以反思的、比较有力的批评主要有以下几种。

其一，法律所追求的目标是实现公平正义的伦理价值，但公平正义的伦理价值并不等同于“效率”或波斯纳所言的“财富最大化”（wealth maximization），法律和经济学所追求的价值目标并不相同。尽管在某种程度上，效率也是法律所追求的目标，但是这种追求主要限于有关市场交易的法律领域，在其他法律领域，经济分析没有用武之地。而且，法律在追求效率的同时，不能违背正义的原则。因此用经济学的方法来分析法律，会产生价值上的偏差，难以得出正确的结论。①

这种批评可以说是切中肯綮的。经济学和法学关注的价值目标确实存在很大分歧。将经济学追求的“效率”“财富最大化”的目标直接引入法律研究中，必然会受到重视公平正义的法律学者的激烈批评，这是显而易见的结果。我国近些年来发生的事实也证明，这种批评不但会非常激烈，而且影响深远。比如，在前几年引起公众广泛关注的著名经济学家郎咸平和张维迎关于国有企业改革的 MBO 的争论，即公平和效率之争。还有，近几年国际知名的经济学家张五常对我国新《劳动合同法》的批评，也反映了经济学家和法学家不同的思维方式及价值分歧。其实，这并非法律经济学本身的问题，而是法律经济学的部分研究者和传统法学者之间存在的价值分歧。解决这样的质疑并非什么遥不可及的目标，只需将价值追求的目标稍加调整即可，笔者将在后文述及。

其二，有论者批评，法律的明确性、安定性以及对权利的保障是传统法律追求的重要价值，但是，法律经济学过于重视对未来社会整体效益的追求，只重视未来成本效益的最大化，难免会忽视个体权利的保障，并对法律

① 参见林立：《波斯纳与法律经济分析——一个批判性的探究》，台湾学林文化事业有限公司 2004 年版，第 4—5 页。

的明确性和可期待性以毁灭性的打击。比如，在法律经济学者看来，当认可法律上赋予某一个体的权利会减损社会整体的财富时，法官可以否定该个体的权利，甚至可以说，法律经济学者们根本否认法律中存在所谓既定的权利。这被德沃金（Ronald Dworkin）批评为“向前看的工具主义之图谋”（forward-looing instrumental program）或“实用主义”(pragmatism)。[①]

德沃金的批评在很大程度上立足于其自身“法律体制的自立自足”[②]的理念，并怀着法律体系可以无漏洞地保障所有权利的美好理想。但是，这样完美主义的期待显然和现实难以完全符合。尤其当面临权利冲突时该如何处理，是一个法律人不得不面对的难题，这个时候，法律经济学的分析方法无疑更能发挥解决问题的功用。当然，如何在关注社会效益的同时，又不忽略对个体权利的保护，是法律经济学研究者应当注意的问题。

其三，社会财富的最大化并不等同于个体财富的最大化，如果贫富差距越来越大，则社会财富的增加不但不能增加公众的幸福感，反而会累积利益受损群体的不满情绪，进而可能造成社会的不稳定和危机。

这种批评在当下的中国，尤其应当引起法律经济学研究者的注意。在前面提到的“郎顾之争”中，所谓“挺顾派”的著名经济学家张维迎受到了大量网友激烈的批评，这些批评虽然在很大程度上包含了非理性的成分，但还是能够看出当下的中国社会由于贫富差距不断扩大而导致的社会不满情绪，如果不认真对待这一问题，则改革开放的成果以及我国当前经济快速发展的大好局面难免会受到影响。

其四，经济学理论建立在很多假设之上，而这些假设在人类社会可能

---

① 参见林立：《波斯纳与法律经济分析——一个批判性的探究》，台湾学林文化事业有限公司 2004 年版，第 5 页。

② 参见林立：《法学方法论与德沃金》，台湾学林文化事业有限公司 2000 年版，第 6 页。

是不成立或者很难成立的。[①]经济学家在做预测时有很多困难，因为现实中的很多情形并非如经济学家所假设的那样，而是有很多不同的限制。如果假设条件并不相同，那么结论显然也很难说可靠。还有类似的批评直接指向经济学的哲学基础——功利主义，对此，波斯纳的解释是，虽然规范经济学和功利主义有相当密切的关联，但是二者还是有所不同；而且，在应用经济学理论澄清价值冲突以及分析在追求一定的社会目标时如何选择最为有效率的方案的情况下，并不涉及功利主义在哲学上的功过之争。还有，法律经济学的研究工具虽然并不完美，但是，这种不完美的程度要低于其他任何工具。[②]

其实，建立在假设之上的经济学理论，并不因假设和现实的差距而毫无用处。很多科学的理论，都是建立在一定的假设的基础上，离开了前提条件，理论研究难以深入开展。而且，假设只是为了分析和论述的方便，在现实中，完全可以根据条件的变化而改变假设，同时相应地调整分析的结论。我们还应当看到，除了经济分析方法之外，法学领域常用的其他方法，比如社会学的方法、心理学的方法、哲学的方法等，都很难说是完美的。法律经济学的研究只是提供了一种全新的思路和不同的视角，并且这种思路和视角是立足现实，也是最为从实际出发解决现实问题的。毕竟，任何一个社会的任何一项公共政策，包括刑事政策和法律制度的目标，都不可能不考虑需要投入的成本。没有任何一个政府会不顾成本地追求某一既定目标。比如，目前我国的经济增长速度非常快，但是并非越快越好，因为还要考虑到资源环境的承载能力、事关公平正义的社会财富的再分配、社会的和谐稳定等多方面的因素。如果盲目追求经济发展的速度，可能会付出资源环境恶化等很多

① 参见谢哲胜主编：《法律经济学》，台湾五南图书出版公司2007年5月初版，第16页。

② 参见（美）柏士纳：《法律之经济分析》，唐豫民译，台湾商务印书馆1987年版，第16页。

难以弥补的高昂的社会成本。由此看来，法律经济学的研究方法有其自己独特的难以替代的价值。

其五，刑法知识涉及的是伦理的问题，而非资源的分配，这和研究资源配置的经济学具有本质的不同。虽然对犯罪的追诉与审判要考虑到刑事司法资源的有效分配，但是并非所有的刑事司法活动都要考虑成本效益，通常情况下，某些重大犯罪的追究，就不能考虑成本，而应不计成本，追究到底。因为，正义是无价的，正义必须实现，这是刑事法律的基本价值。①

诚然，上述观点将正义的价值目标放在了至高无上的位置，但是这并非批评法律经济学的理由，或者说，持上述观点的学者与法律经济学者存在很大程度的价值分歧。其实，即使在法律学者之间，类似的价值分歧也并不鲜见。这对法律经济学方法的应用并无影响。因为当正义被认为无价时，实现正义就是法律所追求的终极目标，也就是说，必须不计一切代价实现正义。但是，这种理念只能说过于理想主义。其实，人类自身的局限性，以及人们所受到的现实物质社会条件的制约，都使得这种理想主义只能是理想而已。有的时候，我们必须接受无奈的结果，这正是因为，人类的社会活动，包括刑事司法活动，都受到很多现实条件的制约。考虑到种种约束，然后在约束条件下追求效益最大化，正是经济学的基本思路，这种思路无疑最有助于解决实际问题。举例来说，出于保护人权的考虑，不能对未得判决确定有罪的犯罪嫌疑人无限期地羁押，即使这种羁押有利于案件的侦破和追诉犯罪，这也正是刑事诉讼中设定诸如拘留期限、逮捕期限等各种时限的原因。

正如理查德·波斯纳在《法律的经济分析》中所表明的："简明的经济

---

① 参见林东茂：《一个知识论上的刑法学思考》，五南图书出版公司 2001 年第 2 版，第 15—17 页。

学概念可以被用来讨论法律领域中非常特殊的问题，经济效率的概念可以解释法律制度的结构”。[①] 在我国，法律经济学正受到越来越多经济学者和法律学者的重视，影响范围在不断扩大。

① （美）理查德·波斯纳：《法律的经济分析》，蒋兆康译，中国大百科全书出版社 1997 年版，译者序言第 9 页。

第三节　法律经济学基础理论简介

对经济学者来说，经济学的基本理论可以说是耳熟能详、信手拈来，但是对于大多数法律人来说，经济学的基本理论和分析方法可能还是相对陌生的。因此，下文笔者将对法律经济学中常用的一些基本经济学理论进行简要的介绍，这样，更有助于对后文的理解。

一、产权与科斯定理

科斯定理的主要原理来源于罗纳德·科斯教授在《法学和经济学杂志》（1960 年 10 月号）上发表的《社会成本问题》一文，但是罗纳德·科斯教授本人并未提出明确的科斯定理的文字表述，之后的经济学家对科斯定理有不同的阐述方法。

科斯定理的最权威表述为："只要交易成本为零，财产的法定所有权的分配不影响经济运行的效率。”[①]

科斯定理的核心思想是交易成本理论。因为现实中交易成本为零的理想状态并不存在，因此制度将影响到资源配置效率，从而制度分析才被真正纳入经济学分析之中。其中，法律制度的重要性不言而喻。因此，合理的法律制度设计成为经济增长的关键因素。正是在这样的意义上，作为新制度经济学的代表人物之一的诺思指出，科斯架起了制度、交易成本与新古典理论间至关重要的联系。[②]而波斯纳也说：科斯定理是他的《法律的经济分析》的“主旋律”。[③]

---

① 《新包格拉夫经济学辞典》，麦克米伦出版社，伦敦，1987年版第1卷，第475页。该辞典在西方经济学界中最具有权威性。转引自高鸿业：《私有制、科斯定理和产权明晰化》，载《中国与世界》1997年8期。为说明科斯定理的内容，上述高文中举了一个数字例子（在西方，有关科斯定理的论述，包括科斯本人的文章在内，往往使用简单的数字例子。这里的例子取自波林斯基《法律学和经济学引论》，利特尔和勃朗出版社，波士顿，1983年版，第11—14页）：“假设有一工厂，它的烟囱冒出的烟尘使得5户居住于工厂附近的居民所洗晒的衣服受到损失，每户的损失为75元，从而5户损失的总额为375元。要想矫正这一受污染之害的状态，又假设只存在两种治理的办法：第一是在工厂的烟囱上安装一个除尘器，其费用为150元；第二是给每户提供一个烘干机，使它们不需要去晒衣服，烘干机的费用假设为每户50元，因此第二种办法的成本总和是250元。显然，在这两种解决办法中，第一种是比较节约的，它的成本较低，代表最有效率的解决方案。这种最有效率的解决方案，在西方经济学中被称为帕累托最优状态。按照科斯定理的含义，上述例子中，不论给予工厂以烟囱冒烟的权利，还是给予5户居民晒衣服不受烟囱污染的权利（即上述的财产所有权的分配），只要工厂与5户居民协商时其协商费用为零（即上述的交易费用为零），那么，私有制的市场机制（即私人之间自由进行交易）总是可以得到最有效率的结果（即采用安装除尘器的办法）。”

② 参见钱弘道：《法律经济学的理论基础》，载 http://www.lunwentianxia.com/product.free.4292407.1/，2011年9月16日访问。

③ 参见 R.A.Posner，Economic Analysis of Law，Little，BrownandCompany，1977，第17页。转引自钱弘道：《法律经济学的理论基础》，载 http://www.lunwentianxia.com/product.free.4292407.1/，2011年9月16日访问。

二、效用及边际效用理论

效用是指消费者从消费某种物品中得到的满意程度，或者说商品满足人的欲望和需要的能力和程度。效用是一种心理感觉，它是消费主体的一种主观感受，与物品的实际使用价值不同。

效用理论主要又可分为基数效用论和序数效用论。基数效用论的基本观点是效用可以用基数（1、2、3……）来表示，效用之间可以比较，并且可以加总求和。序数效用论的基本观点是效用是主体的一种心理感受，只能用序数（第一、第二、第三……）来表示，并且只能比较不能相加。

西方经济学效用理论大致经历了一个从“广义”到“狭义”、从“基数”到“序数”、从“经验”到“数理”的发展过程。但 20 世纪 70 年代以后，效用理论的研究又出现了从“狭义”向“广义”、从“序数”向“基数”、从“数理”向“经验”回归的倾向。比如，1992 年诺贝尔经济学奖得主加里·贝克尔（Garys Becker）于 1976 年出版了《人类行为的经济分析》，通过“扩展的效用函数”把经济学的方法用于整个人类行为的分析，表现出一种明显的、向广义效用范式回归的倾向。[①]

基数效用论和序数效用论都有其天然的缺陷，比如，基数效用论将满足人们不同需求的效用都用基数来表示，这难免过于简单和机械；序数效用论将满足人们不同需求的效用都用序数来表示，但是忽视了不同个体对需求的不同偏好，难免陷入不能将理论广泛适用于不同个体的困境。但是，毋庸置疑，人类具有一些基本的共同的价值理念，如公正和自由；特定的利益共

① 参见叶航：《关于偏好与效用理论的研究纲要》，载 http://www.cenet.org.cn/article.asp?articleid=10380，2011 年 9 月 16 日访问。

同体在很大程度上，也会具有相同的价值追求。所以，效用理论在对特定的制度安排进行成本—收益分析时，无疑具有极为重要的意义。

三、成本 – 收益分析理论

成本—收益分析方法的前提是追求效用的最大化。成本—收益分析方法的基本原理是：针对某项支出目标，提出若干实现该目标的方案，运用一定的技术方法，计算出每种方案的成本和收益，通过比较方法，并依据一定的原则，选择出最优的决策方案。

经济学的成本—收益分析方法是一个被普遍应用的方法，但是其早期应用并不成熟，有其自身的缺陷。新制度经济学和公共选择理论突破了之前的经济学理论的局限，把成本—收益分析方法运用到人与人相互关系的一切领域，对人们的行为方式和策略选择进行成本—收益分析，为社会经济生活提供了统一、深入而又更加现实的解释，使成本—收益分析方法在社会生活领域被更广泛地应用。①前文提到，1981年，美国的法律经济学家波斯纳、博克和温特被里根总统任命为美国联邦上诉法院法官，在司法判决时充分考虑法律制度、法律判决的成本与收益，从而使成本—收益分析方法在法律实践领域也发挥了至关重要的作用。

成本—收益分析方法在理论上的应用，主要是针对成本和收益都可以转换为货币单位的情况，因为只有这样才能清晰地将成本和收益进行对比，进而达到效用最大化的目的。但是在现实社会生活中，成本—收益分析方法则往往面临更为复杂的情况，因为成本的计算相对比较容易，几乎绝大部分

① 参见张曙光：《经济学的理论范式和分析方法》，载 http://4a.hep.edu.cn/NCourse/ep/resource/part1/EP/10.htm，2011年9月15日访问。

投入资源都可以转换为货币单位，而收益则往往有相当一部分不能简单地转换为货币单位，所以成本－收益分析方法的适用并非简单的货币化的成本和收益比较。但是毫无疑问，成本－收益分析方法可以用于评估公共项目或方案的社会经济价值，比较不同方案的社会经济成本和收益的差别，分析论证同一领域的不同项目或不同领域的各个项目的社会经济收益，为有效地决策提供有用参考。更为重要的是，随着社会经济生活的发展变化，有些公共产品的收益已经不能简单地用货币衡量，而对人们具有更为重要的价值和意义。比如法律制度、生态安全等公共产品，对人类社会生活的稳定性和福祉而言，已经是经济利益所远远不能衡量的。

四、制度变迁理论

制度在制度经济学中有特殊的理解，它指的是“institution”而非“system”。后者通常指“体制”，例如资本主义或社会主义制度，或者经济、政治体制等，新制度经济学的代表人物道格拉斯·C. 诺思（Douglass C. North）称之为“制度环境”。而前者，则是制度经济学所理解的制度，被诺思称为“制度安排”。[①] 诺思认为：“制度是一个社会的游戏规则或形式上是人为设计的构造人类行为互动的约束”，“是一系列被制定出来的规则、守法程序和行为的道德伦理规范，它旨在约束追求主体福利或效用最大化的个人行为”。[②]

① 参见马广奇：《制度变迁理论：评述与启示》，载 http://www.lunwentianxia.com/product.free.3657764.1/，2011 年 9 月 17 日访问。

② （美）道格拉斯·C. 诺思：《经济史中的结构与变迁》，上海三联书店，上海人民出版社 1994 年版，第 225—226 页。转引自钱弘道：《法律经济学的理论基础》，载 http://www.lunwentianxia.com/product.free.4292407.1/，2011 年 9 月 16 日访问。

通俗地说，制度变迁就是指旧制度被新制度取代的过程，这一过程可能是长期的、渐进式的，也可能是短期的、突变式的。不管是何种方式的演变，制度变迁得以实现的过程，就是制度主体实现制度创新的过程，而在这一制度创新的过程中，制度主体获得了效益的提升，否则，制度变迁将很难实现。

制度变迁的实现方式分为渐进式和激进式两种，实现途径包括诱致性制度变迁和强制性制度变迁。前者是“由个人或一群（个）人，在响应获利机会时自发倡导、组织和实行”的制度变迁，后者则是“由政府命令和法律引入和实行”的制度变迁。[①]一般来说，前者是自发式的、渐进性的，因此，制度变迁的过程相对比较漫长；强制性制度变迁由政府命令和法律强制实行，故而具有很高的效率。所谓“后发优势”，即是发展落后的国家或组织有机会实行强制性的制度变迁、借鉴其他国家或组织比较先进的制度安排。根据马克思主义的基本原理，生产力决定生产关系，经济基础决定上层建筑，而生产关系和上层建筑也反作用于生产力和经济基础。因此，制度的重要性自不待言。

五、博弈论

近几十年来，博弈论已经逐渐成为西方经济学领域一个强有力的分析工具，产生了极为深远的影响。加上“经济学帝国主义”的愈演愈烈，博弈论也被广泛应用于政治学、法学、社会学等其他社会科学领域。

---

① 参见林毅夫：《关于制度变迁的经济学理论：诱致性变迁与强制性变迁》，载 R. 科斯、A. 阿尔钦、D. 诺斯等：《财产权利与制度变迁——产权学派与新制度学派译文集》，上海三联书店、上海人民出版社 1994 年版，第 384 页。转引自陈天祥：《论中国制度变迁的方式》，载 http://www.studa.net/xingzheng/060531/08204892.html，2011 年 9 月 16 日访问。

由于博弈论的迅猛发展及其在社会科学领域的不断推广应用，博弈论受到了越来越多的重视，尤其是最近，纳什、泽尔腾、哈撒尼三位博弈论专家获得了1994年的诺贝尔经济学奖，在此之后不久的2005年，又有两位博弈论专家获得了诺贝尔经济学奖，[①]将博弈论推向了新的高度，是博弈论不断发展成熟的证明。

博弈论在英文中称为“Game Theory”，“Game”意指“游戏”，而博弈论正是起源于游戏的过程中。但是，经过不断的发展，人们发现，博弈论可以应用到人们社会生活的各个领域，具有广阔的应用前景和发展空间。博弈就是指一些个人或组织在特定条件下，按照一定的规则，同时或者先后进行一次或多次的行为或策略选择，并从而获得各自结果的过程。[②]因此，从人们所从事的市场交易、企业管理等经济活动，到政治选举、权力制衡等政治活动，再到法律实践中的立法、司法、执法等各个环节，甚至大到国防、外交等国际、军事领域，小到个人日常工作生活中的就业升职、婚姻恋爱等微观领域，博弈论都可以发挥其独特的分析作用，为人们的决策提供独特的视角和思路，有助于人们从自己的角度作出效益最大化的最优选择。

博弈论和传统经济学理论一样，具有一个基本的理论前提，即经济人或理性人假设。也就是说，在使用博弈论这一分析工具时，首先假定各个参与者的决策目标都是为了追求自己效用的最大化。虽然不同的个体可能会有不同的效用偏好，但是总体而言，理性人假定为博弈分析奠定了一个可兹判断的标准，并且使得这一分析工具的实用性大大提高。并且，在具体使用这一分析工具的时候，参与主体可以根据现实情况，根据所掌握的己方信息及对方信息，适时调整自己的策略选择。

---

① 参见丁社教：《法治博弈分析导论》，西北工业大学出版社2007年版，第1页。参见王则柯：《人人博弈论》，中信出版社2007年版，第1页。

② 参见丁社教：《法治博弈分析导论》，西北工业大学出版社2007年版，第2页。

博弈论中著名的囚徒困境已经广为人知。很显然，在共同犯罪的领域，博弈论的应用空间非常广阔。我国刑法中关于共同犯罪中自首、立功、处罚等多方面的规定，都体现了博弈论的思想。

第四节　法律经济学方法论在刑事法学研究中的应用

一、法律经济学方法论对于刑法学研究的可行性

在刑事法学界，和前文所述林东茂教授持类似观点的学者不在少数，因此，将法律经济学的分析方法应用到刑事法领域的专业学者凤毛麟角；对刑事法律进行经济分析的，更多的是一些经济学家，这不能不说是一件憾事。毕竟，经济学家的分析更多地着眼于效率和社会效益，而对个体权利和公平正义的价值有所轻视，这也更导致了刑事法学者对法律经济学的误解。现实就这样陷入了一个相互隔膜的怪圈，使得法律经济学方法基本上游离于刑事法领域之外，没有在刑事法领域得以广泛的运用。

但是，不运用法律经济学的分析方法，在刑事法领域的一些法律制度就难以得出合理的解释。比如，民事法领域的二审终审制是为了追求效率节约成本，防止案件久拖不决；但是刑事诉讼同样实行二审终审，同样也是出于效率和司法成本角度的考量。如果不从效率和成本角度考虑，那么刑事案件实行二审终审制就难以让人信服，因为刑事案件的审理事关当事人的重大权益，尤其是一些重刑案件，甚至事关被告人的生命，实行二审终审制可能导致无法弥补的过错，审级增加，则可以避免出现冤假错案的几率，但是无疑也会大大增加司法成本，浪费司法资源。当然，一审终审是最有效率的，但是，一审终审无疑会增加出错的几率，结果可能为了效率而牺牲了公平正义。综合考量之下，二审终审是更为合理的结果。

不管是否有意识地使用了法律经济学的方法，上述思考无疑正是运用了经济学的基本理论方法。在人类的社会生活中，经济学的思维方式可以说是无处不在，不管是有意还是无意，我们都会用到它，因此，经济学理论具有强大的解释力和生命力，广泛渗透到其他学科领域，也正因为如此，才有了所谓的“经济学帝国主义”之说。对于刑法学理论，经济学的研究方法同样具有用武之地，我国已有部分学者将经济分析方法用于刑法学的研究，并初步取得了一些不错的理论成果。

二、简要综述：当前我国理论界关于刑法经济分析的若干成果

（一）部分代表性专著

法律经济学在我国发展的时间并不长，虽然有一些国外学者有关法律经济分析的著作被翻译过来，但是，关于专门的刑法的经济分析的著作还是凤毛麟角。在国外译介入国内的作品中，大都是关于其他部门法的经济分析，有些著作涉及犯罪与刑罚的经济分析，也只是在整部作品中占据比较小的篇幅。

比如，波斯纳是国外比较有代表性的一个法律经济学学者，在其《法律的经济分析》一书中，内容非常广泛，涉及法律经济学的研究方法、普通法、市场的公共管制、法律与收入和财富的分配、法律程序、宪法和联邦制度，仅仅普通法的部分，就涵盖了财产权、契约权和救济、家庭和性管制、侵权法、刑法、法律史和法哲学等内容，也正因为如此，波斯纳的《法律的经济分析》一书被认为是法律经济学的代表性作品，是法律经济学的集大成者。书中刑法部分的内容包括了刑法的经济本质和功能、最佳刑事制裁、累犯、未遂和共谋、帮助和教唆、引诱犯罪、犯罪意图、疏忽大意、过失和严

格责任、紧急避险的抗辩、有组织犯罪经济学、毒品犯罪、法人犯罪等内容。[①]在其《正义/司法的经济学》一书中，涉及了功利主义、财富最大化、隐私、歧视问题的法律经济学等诸多广泛的内容，其中涉及刑法和刑罚的内容只有大概一章的篇幅，论及刑法和刑罚产生的原因在于犯罪行为侵害了最高统治者的经济利益，以及报应刑和与之相关的一些惩罚概念。[②]

斯蒂文·萨维尔在其《法律的经济分析》一书中，论及财产法、侵权、合同、民事诉讼、福利经济学、对法律的经济分析的有关批评等内容，其中关于公共执法和刑法占据一章的篇幅，讨论了侦查概率、严格责任、过错责任等责任规则、金钱制裁与监禁、剥夺能力及刑法的有关内容，其中涉及刑法的内容也比较简单和浅显，主要是监禁对于威慑的意义、（犯罪）意图、对潜在危害的惩罚等。[③]

受国外学者的影响，国内的法律经济学者较少关注单一的部门法，而是对整个法律体系进行相对宏观的研究。比如，较早涉及法律经济学的苏力教授和冯玉军教授，都是国内较为知名的法理学教授。对法律经济学具有较为系统研究的史晋川教授，更多的是作为一个经济学家的身份被人们所熟知。这些特征，也从其作品中体现出来。比如，在《法律经济学：理论与应用》一书中，作者运用法律经济学的理论和研究方法对诸多法律问题进行了分析研究，内容涵盖了法律经济学的理论进展、知识产权保护的经济分析、计算机软件侵权的经济分析、计算机软件侵权的最优赔偿原则、计算机软件侵权的厂商收益损失的确定、产品责任制度的经济分析、汽车产品责任制度

---

① 参见（美）波斯纳：《法律的经济分析》，蒋兆康译，中国大百科全书出版社1997年版，第132—149、232页。

② 参见（美）波斯纳：《正义/司法的经济学》，苏力译，中国政法大学出版社2002年版，第210—236页。

③ 参见（美）斯蒂文·萨维尔：《法律的经济分析》，柯华庆译，中国政法大学出版社2009年版，第136—148页。

的经济分析、所有权与先占行为的关联、电力市场中的市场力及长期期货合约与默契合谋、纵向一体化和联合所有权等，其中涉及刑法学科的有犯罪行为及其惩治的经济分析、流动人口和收入差距与犯罪的理论、地区间收入差距和流动人口与刑事犯罪率的实证研究等内容，此部分内容只占到全书章节的 1/6 左右。①

在新近出版的《法经济学基础理论研究》一书中，作者梳理了法经济学的发展历程，阐明了法经济学的法学基础和经济学基础，并运用法经济学理论解读了财产法、合同法、侵权法、刑法、程序法、反垄断法、公司法和知识产权等内容，其中涉及刑法的部分只有一章的内容，包括“理性”犯罪模型、最佳威慑模型、罚金刑、监禁刑和死刑的威慑效应，以及正当防卫、紧急避险、自首和立功、累犯等刑法制度和刑事政策的经济分析等。最后，作者还对法经济学的发展方向进行了展望。② 该书是国内法律经济学研究的最新成果之一，具有较强的代表性。

国内关于刑法经济分析方面的专著比较稀缺，就笔者的研究视野所及，主要有陈正云的《刑法的经济分析》、沈海平的《寻求有效率的惩罚——对犯罪刑罚问题的经济分析》、王利宾的《法律经济学视阈下的民生犯罪刑法规制研究》。

陈正云先生的《刑法的经济分析》是国内最早运用经济分析方法专门研究刑法问题的专著之一，可以说是国内法律经济学和刑法学研究相结合的先驱者之一，具有重要的开创性意义。在书中，作者先对西方法律的经济分析学说进行了介评，并重点介绍了西方刑法经济分析的相关理论观点。随后，作者对刑法的经济分析的经济理论基础进行了适度总结，包括了最大

① 参见史晋川等：《法律经济学：理论与应用》，经济科学出版社 2011 年版，第 150—189 页。

② 参见汤自军：《法经济学基础理论研究》，西南交通大学出版社 2017 年版，第 135—144 页、221 页。

化、效益和均衡、供求理论、成本与效益理论、均衡理论等。之后，作者对刑法经济分析的核心内容进行了展开，对刑法进行了宏观和微观维度的经济分析，具体包括刑法的成本与效益、刑法的特性、刑法的调控范围、调控目标和调控强度，犯罪成本与犯罪“效益”、刑罚成本与刑罚效益、罪犯的犯罪决策的经济分析、刑罚效益成本资源的有效配置模式等，最后论述了刑法效益和刑法公正的关系。①

沈海平教授的《寻求有效率的惩罚——对犯罪刑罚问题的经济分析》一书是比较系统研究犯罪与刑罚的经济分析的专著，其内容丰富，视野全面，可以说是用法律经济学研究方法系统研究刑法问题的优秀作品。在本书中，作者对法经济学方法研究刑法问题的可行性进行了论述，并对法经济学所面临的批评进行了简短的回应，认为法经济学所面临的批评有些可以给出有力的回应，有些还难以给予圆满的解决；同时，沈海平教授深刻地指出，效率和正义的关系非常复杂，二者并非截然对立的，而是在很大程度上具有一致性，同时，法经济学的思维方式也提醒我们关注追求正义所需付出的代价。之后，作者在本书中对犯罪的经济分析进行了总述，对犯罪原因进行了经济学的解释，其中最为重要的是，作者对机会成本对犯罪决策的影响进行了分析。在对犯罪与刑罚的互动模型进行了解读之后，作者指出，犯罪行为实际是行为人对未来效用的一种贴现，并对犯罪进行了博弈分析。在犯罪的经济分析分述部分，作者对财产犯罪、腐败犯罪、暴力犯罪、过失犯罪进行了经济分析。在犯罪的经济分析之后，作者又对刑罚进行了经济分析，分析了针对犯罪的最优刑罚制裁，并对死刑、罚金刑、监禁进行了经济学的解读，最后还阐述了非公共执法的经济学。② 其中，对犯罪的机会成本的关注，

---

① 参见陈正云：《刑法的经济分析》，中国法制出版社 1997 年版，第 1—365 页。

② 参见沈海平：《寻求有效率的惩罚——对犯罪刑罚问题的经济分析》，中国人民公安大学出版社 2009 年版，第 11—529 页。

以及对犯罪行为的博弈分析，都让人耳目一新，对后续研究者具有重要的启示意义。

王利宾教授的《法律经济学视阈下的民生犯罪刑法规制研究》是运用法律经济学方法研究民生犯罪的专著，其研究的对象包括公共安全犯罪、食品安全犯罪、生态犯罪、劳动、教育犯罪等民生领域的犯罪，在对民生犯罪的基本理论进行阐述之后，针对上述几大类犯罪背后的经济原因进行深刻解读，并从刑法完善和改革的角度提出规制上述犯罪的对策建议，[①]具有重要的理论和实践意义。

（二）部分代表性论文

除了一些专著外，关于刑法的经济分析的论文数量相对较多。但是，和数量极为庞大的法学论文的总量相比，刑法的经济分析的论文所占比例还是比较小的。下面选取较为有代表性的相关论文作一简介。

有学者对以波斯纳为代表的刑法的经济分析理论提出了反思与批评，认为波斯纳对刑法的经济分析具有缺陷，波斯纳理论中的刑罚目的不能包括报应刑论和特殊预防刑论，并且其提出的政策方案也难以实现刑罚的一般预防效果。而且，波斯纳理论的哲学基础为财富最大化，这一哲学基础既不合正义，也和其刑罚目的相矛盾。因此，对刑法进行纯经济分析的意义十分有限，也不够全面充分。[②]

有学者以《犯罪成本的法律经济分析》为题，对犯罪的成本与收益进行了理性的分析，综合运用了理性选择、利润最大化、成本和收益、惩罚成本等理论，结合法律经济学领域的“经济人”假设，认为犯罪人实施犯罪行为是追求利益最大化的结果。考虑犯罪制裁的最优水平时，既要考虑执法成

① 参见王利宾：《法律经济学视阈下的民生犯罪刑法规制研究》，法律出版社2015年版，第116—323页。

② 参见张进、王家兵：《刑法的经济与反经济分析》，载《政法学刊》2006年第1期。

本，也要考虑惩罚成本。成本与收益分析对犯罪预防具有重要意义，全面综合提高犯罪成本，降低犯罪收益，以更好地预防犯罪。①

有学者对刑法的经济性进行了阐释，认为刑法谦抑性决定了刑法的经济性，也是刑法重要的价值追求之一。其认为，刑法经济性的核心问题就是运用刑法的经济分析方法，对刑事立法和刑事司法的成本和收益进行综合分析，从而力争通过最小的投入实现最大的收益，即实现刑法效益的最大化。虽然刑法经济分析方法有其自身的缺陷，其“理性人”假定过于抽象而忽视了社会人个体行为选择的复杂性和差异性，过于强调刑罚的威慑性和功利性，分析方法过于简约而具有先天的缺陷，但是，刑法经济分析的基本思路还是可以达至刑法的谦抑性精神，并对此给予相对合理的解释。②

有学者对刑事司法和刑事错案的成本进行了专门的研究，通过运用经济分析的方法，对刑事司法和刑事错案的成本进行了全面的分析，其认为，国家将实现公平正义作为刑事司法的重要目标之一，通过建设法庭、监狱等设施，配置相应工作人员，并设定较为严格的诉讼程序，保障刑事司法的顺利运转以实现社会的公平正义，而这些都需要付出社会成本。而刑事错案付出的成本更为高昂，因为国家需要付出由于错误的羁押等产生的高额刑事赔偿等成本。我国司法机关逐步认识到了刑事错案的高昂成本，并确立了“宁可错放不可错判”的刑事司法理念，体现了社会法治的进步。③

有作者以《法经济学视野下刑罚体系的效益化改造》为题，对刑罚体系的改革进行了系统研究，其认为，以经济分析的视角来看，应当对行刑的效果进行成本与收益的评估，力争投入最小的司法资源而获取最大的刑罚效果。报应主义的刑罚理念不符合刑罚的效益原则，而功利主义的预防刑罚观

---

① 参见盖宏：《犯罪成本的法律经济分析》，载《现代妇女（理论版）》2014 年第 4 期。

② 参见张颖杰、周存平：《刑法经济性论略》，载《襄樊学院学报》2006 年第 3 期。

③ 参见姜保忠：《论刑事司法和刑事错案的成本》，载《法学杂志》2017 年第 9 期。

念和刑罚的效益原则具有价值理念的一致性。犯罪受惩罚概率的提升比刑罚严厉程度的提高对犯罪威慑效应的实现更具经济性，对于某些犯罪，罚金刑比自由刑具有更好的效果，也更易实现刑罚效益的最大化。[①]

有学者以《受贿罪的法律经济分析》为题对受贿罪进行了研究，其认为，预防受贿罪的关键在于提高受贿罪的犯罪成本，注意刑罚严厉性和惩罚几率的最优组合，实现刑罚资源的最优配置。具体而言，应扩大受贿罪的主体范围，降低受贿罪的立案标准，把受贿罪对象扩及非物质性利益，并通过增加罚金刑和没收财产刑的适当的方式完善受贿罪的刑罚配置。[②]

有学者以《论扰乱法庭秩序罪的立法完善——以法律经济学为分析视角》为题对扰乱法庭秩序罪进行了研究，通过对该罪成因的经济分析，作者认为，实施该罪几乎不需要付出物质成本，而且惩罚概率和刑罚的严厉程度都不足以形成有效的威慑，而且，由于实施此类犯罪的行为人的综合素质较低，其实施犯罪的机会成本也相对较低，这就决定了此类行为没有得到有效的遏制。因此作者建议，通过对犯罪类型进行规范化、将犯罪既遂形态统一为情节犯、适当扩展犯罪的时空界限、部分赋予法官直判权等途径对此类犯罪的立法予以完善。[③]

---

① 参见蔡荣：《法经济学视野下刑罚体系的效益化改造》，载《学术探索》2018 年第 5 期。

② 参见侯建平、苏延年：《受贿罪的法律经济分析》，载《三峡大学学报（人文社会科学版）》2007 年第 6 期。

③ 参见王利宾：《论扰乱法庭秩序罪的立法完善——以法律经济学为分析视角》，载《中国人民公安大学学报（社会科学版）》2017 年第 1 期。

第二章

犯罪行为决策机制

——基于成本－收益分析的视角

第一节 经济学中的经济人假定和法学中的理性人假定

在传统经济学理论中，经济人假定是众多理论研究和理论模型的前提。所谓经济人，就是一个具有完全理性的人，能够根据自己的理性算计，分析各种行为选择的利弊得失，亦即成本收益，根据自己的价值和效用偏好，做出对自己来说效用最大化的行为或策略选择。当然，在现实社会生活中，这样完全理性的经济人基本是不存在的，人都有部分甚至完全失去理智的时段或瞬间，在上述情况下人所做出的行为选择往往并非自己的最优策略选择。而传统经济学理论之所以作出经济人的理论假定，是为了理论研究的需要，为了有利于模型的构建和理论上的说明。

当然，因为理论假定和社会现实的冲突，也有学者对经济人的假定做了修正，即提出有限理性经济人的假定，这在很大程度上弥补了经济人假定所存在的先天的缺陷，而更能适应社会生活的现实。但是不管怎么说，经济人或有限理性经济人的假定，在经济学理论中的地位至关重要，没有这样的假定，后续的所有理论研究均丧失了合理性的基础。因此，无论是科斯定理，还是成本—收益分析理论，抑或是博弈论，所有的经济学原理都蕴含了经济人假定（至少是有限理性经济人）的理论前提。

经济学理论中的经济人假定，和法学理论尤其是刑法学理论中的哲学基础具有高度的一致性。法学理论研究中的人，同样是具有理性的，这是所有的法律制度得以发挥其功能和作用的前提和基础。也就是说，法学理论研究中的人，能够理解和接受相关法律制度的规定和约束，从而根据法律规定规范和调整自己在日常生活中的行为。换句话说，所有的法律制度，都是为能够认知和理解法律的规定、并能够理性控制自己行为的人而制定的。

现当代的刑法学研究更是如此，他以人具有意志自由为基础，反对决定论的观点。因为，如果人是被决定的，没有自己的意志和选择自由，则所有的犯罪人都是被害人，他们也是造物主的弃儿和命运的受害者，对他们施加刑罚不仅失去了正当性，而且对他们来说是更加的不公和更大的迫害，这样一来，不但刑罚的正当性荡然无存，还成为了残暴地侵犯人权和加剧不公的工具。这也是各种当代的刑法理论都将人作为具有理性的正常人加以考量的根本原因。

在各种刑法理论中，经常可以看到理论学说中的“一般人”“普通人”或“平均人”标准，比如在判断故意或过失时的“一般人”标准，判断期待可能性有无时的“平均人”标准，均属此类。这样的标准之所以能够为更多的人所接受，就是因为刑法理论归根结底是为了解决社会现实中发生的各种问题，不适用这样的标准，将使所有的案件难以得到同样公平合理的对待和解决，刑法理论难免陷入混乱，学者也将陷入自说自话的泥潭而难以对司法实践提供有益的指导和可供操作的方法。

在刑罚的制定、适用和执行过程中，更是将刑罚所面对的对象设定和限制为具有理性的正常人，这样方能实现刑罚的报应与惩罚、预防和教育的目的。刑罚之所以不对精神病人等无刑事责任能力的人适用，正是因为对这样的群体适用刑罚没有任何意义，难以实现刑罚的目的，并有违人道主义的刑罚理念。

因此，在法律经济学领域，理性人假定同样是所有理论研究的前提，唯其如此，才能为所有的理论解说提供基本的支撑，在刑罚学的研究领域方能使刑罚的功能得以最大限度的发挥，从而更大程度地实现刑罚的目的。

第二节 犯罪行为之成本－收益分析

一、犯罪行为之收益

在有人类历史以来，犯罪行为从来没有被完全有效地禁止过。首先是因为，犯罪行为能够为行为人带来收益，有时候这种收益是物质上或经济上的利益，比如抢劫、诈骗、盗窃、侵占等财产性犯罪行为，犯罪行为人通过实施犯罪行为，可以获得物质上、经济上的利益。对于犯罪人来说，这种经济利益当然是一种收益。而有时候犯罪的收益可能不是经济利益，而是一种精神上的满足，比如报复性的杀人、故意伤害、强奸、侮辱等犯罪行为，此类犯罪行为并不能从其行为中获取经济或物质上的收益，但是通过这些行为的实施，犯罪人可以获得一种精神上的满足。可以说，这也是一种收益，只是这种收益和前面的物质收益相比，具有特殊性。

前文曾经提到，经济学上所讲的效用，就是某种商品或物品对人的需求或欲望的一种心理上的满足。因此，无论是物质或经济上的收益，或是精神上的收益，对人来说都是可以满足其物质或精神欲望和需求的效用。从这样的角度出发，精神上的收益和物质上的收益并无本质的不同，在某些情况下，某些行为人对精神收益追求的欲望可能比对物质收益追求的欲望更加强烈。因此，在研究犯罪收益的时候，除了应该重视犯罪的物质和经济收益之外，还应注意到犯罪行为能够给行为人带来的精神收益，这样，方能全面考察犯罪收益，更好地理解和分析犯罪行为的发生机制。

为了分析的方便和运用数理模型分析的简单化，笔者以财产犯罪为例来说明犯罪行为的收益，并进一步分析犯罪收益对不同的行为人所能产生的潜在影响。为了使犯罪收益具有可比性，我们用效用来衡量不同的物质收益和精神收益。当然，对于不同的等人来说，不同的物质和精神收益所有具有的效用又有所不同，为了说明的方便，我们用基数效用论的观点来说明收益的可比性。基数效用论有其自身的缺陷，但是在说明犯罪收益的可比性方面，它比序数效用论更为便捷。而且，在解释的原理上，序数效用论和基数效用论也具有类似的旨趣。

如前所述，既然效用带有很大的主观性与个体性，不同的物品（效用客体）给不同的人带来的效用也有所不同，那么如何比较不同的物品（效用客体）给相同的人、甚至是不同的物品（效用客体）给不同的人带来的效用呢？对此，基数效用论者提出了两个理论：第一个理论就是效用可以用数值加以衡量，比如，一袋大米的效用值为20，一辆自行车的效用值为180，等等，这就使得我们能够对不同的效用客体所能够带给人的效用进行比较和衡量。第二个理论就是边际效用递减规律，某一效用客体可以给人带来效用，而当这一效用客体的数量增加时，其带给人的总效用也会随之增加，边际效用就是指总效用的增加量与效用客体增加量的比值，边际效用递减规律就是指这一比值会随着效用客体的不断增加而逐渐降低。也就是说，总效用的增加并不会随着效用客体数量的增加而等比例地增加，而是总效用的增加速度慢于效用客体的增加速度。对此原理最通俗的说明就是，饥饿的人在吃第一个馒头的时候，效用值最大，吃第二个馒头的时候，总效用虽然增加，但是第二个馒头的效用值就会比第一个馒头有所减少，第三个馒头的效用会进一步减少，依此类推。并且随着馒头的不断增加，其效用可能会变为负值，因为饥饿的人已经不堪重负。

以某甲实施盗窃罪为例，可以说明效用客体能够给行为人带来的效用价值。假设盗窃一辆自行车给某甲带来的效用为 a，盗窃一辆电动车给某甲带来的效用为 b，则某甲盗窃自行车和电动车的总效用（TU）函数可以表示为：

$$TU = a+b$$

也就是说，假定自行车和电动车等赃物能够给某甲带来效用值，则其盗窃这些物品的总效用可以计算出来，这样某甲的犯罪收益就一目了然，能够明确地衡量出来。当然，这样的计算公式非常简单，现实生活中的犯罪收益远比这个公式所体现的复杂得多。尤其是非财产性的犯罪，很难有一个明确的可用效用数值加以衡量的基准。但是，非财产性犯罪也有一定的经济价值，并非毫无规律可循。比如，现实中经常发生的雇凶杀人或雇凶伤人案，雇主雇佣凶手时总会有一个价格，虽然这个价格并非正常意义上合法的、正常的市场价格，但是，这样的价格对于财产性犯罪而言，无疑也具有一定的比照意义。

而且，经济学理论上为了避免基数效用论的缺陷，有学者提出了序数效用论的观点，即认为效用客体能够带给人的效用难以用明确的数值去衡量，但是不同的效用客体对于人来说，会有不同的满足程度，其效用价值在人的心目中会有一个排序，比如一瓶水的效用价值高于一块面包的价值。这样，也为不同的效用客体之间进行比较提供了可能。

不管怎么说，不同的人，乃至相同的人在不同的人生阶段或时间阶段，某些犯罪行为对其所具有的效用价值都是有所不同的，这无疑给我们分析犯罪收益提供了很大困难和挑战。但是，大量的研究表明，社会经济地位相同或类似的群体在行为习惯方面，会显示出某些共通的特征，为我们研究此类问题提供了很好的帮助和启发。比如，司法实践大量的经验数据表明，盗窃犯罪的行为人大多没有受过良好的文化或职业教育，在人才市场上缺少竞争力，以致其难以找到待遇良好并稳定的工作，因此，此类人相较受过高等教育、具有良好职业和较高社会地位的人来说，更容易犯盗窃罪。这很大程度上是因为，相同数量的财产对于财产状况很差和经济状况良好、社会地位较高的人来说，其效用价值具有非常大的差异。

二、犯罪行为之成本

犯罪的收益是犯罪行为人之所以实施犯罪行为的最大动因和激励因素，但是，影响犯罪行为人是否实施犯罪的因素，并不仅仅是犯罪收益。因为，如果仅仅考虑犯罪收益，那么任何一个犯罪行为都是可行的，犯罪行为将会随处可见、泛滥成灾。但是，现实情况并非如此，一个社会的犯罪率会随着不同的发展阶段和现实情况而变化波动，却基本没有达到完全失控的程度，究其原因，正是由于任何一个犯罪行为，在具有诱人的犯罪收益的同时，还存在不同程度的犯罪成本。正是因为犯罪成本的存在，制约了犯罪行为的发生率，使得社会处于正常而有序的状态之下，而不至于陷入无政府主义的混乱。

世界范围内，众多不同的学者都对犯罪的成本进行了研究，也有了一些结论性的研究成果。比如，法律经济学领域大名鼎鼎的波斯纳认为，犯罪的成本主要包括三个部分，第一部分是犯罪的现金支出成本，即犯罪人为实施犯罪行为所需支出的现金，比如购买犯罪工具等支出；第二部分是实施犯罪行为的机会成本，即实施犯罪行为的时间占用了可能从事其他合法行为赚取合法收益的成本；第三部分是犯罪的预期刑罚成本，即行为人因犯罪行为所可能受到的刑罚处罚，预期刑罚和该种犯罪的法定刑罚和惩罚几率相关。[①] 而有些学者则主要关注犯罪的预期惩罚对犯罪行为人决策

① 参见（美）理查德·波斯纳：《法律的经济分析》，蒋兆康译，中国大百科全书出版社1997年版，第292页。

的影响。[①]

众所周知，犯罪的原因非常复杂，而且每个犯罪人都有其家庭出身、教育背景、成长环境、个性特征等各色各样的个体差异性。欲对犯罪原因做一个极为准确毫无误差的科学描述基本是社会科学研究难以完成的任务。但是，我们还是可以从看似杂乱无章的各种因素中，整理出一些影响行为人是否决定最终实施犯罪行为的制约条件。从法律经济学的角度来看，笔者认为，对行为人是否决定实施犯罪行为的影响因素，主要还是行为人基于其自身限制条件进行成本—收益分析之后的理性选择。也就是说，除了犯罪的收益，影响最终决策的因素在于实施犯罪行为所需支出的成本。这些成本包括现实成本、预期成本和机会成本。

犯罪行为的现实成本包括行为人为实施犯罪行为所实际支出的所有成本。笔者认为，犯罪行为的现实成本除了行为人为实施犯罪所实际支出的金钱成本之外，还包括了其他需由犯罪人现实承受的非金钱成本，比如自己人身自由的部分丧失。显而易见的是，直接的金钱成本比较容易衡量，比如为实施犯罪所需购买的犯罪工具，所需支付的交通费用、通讯费用等金钱支出，都是很容易看到的。但是，直接的金钱成本支出之外，犯罪行为还有一种现实成本没有得到研究者的重视，就是行为人为实施犯罪行为所需承受的金钱之外的其他现实成本，包括其人身自由的部分受限或部分丧失，也包括行为人自身由于实施了犯罪行为所承受的心理煎熬。相比直接的金钱支出，这种非金钱的现实成本是隐性的，但又是客观存在的。就如有些非财产犯罪所具有的收益为非财产性收益而且这种收益对当事人具有效用一样，非金钱支出的现实成本对行为人也是一种负担，而这种负担

---

① 参见（美）罗伯特·考特、托马斯·尤伦:《法和经济学》(译者)(第五版)，史晋川等译，格致出版社·上海三联书店·上海人民出版社 2010 年版，第 469 页。

具有一种负面的效用，可以直接抵消行为人因犯罪行为而取得的收益给行为人带来的正面效用。

关于行为人因实施犯罪行为所承担的非金钱的现实成本，可以通过几个例子加以说明。第一个例子是前不久被重庆警方击毙的系列持枪抢劫杀人案的嫌犯周克华，周克华在犯下多起持枪抢劫杀人的命案后，四处躲藏以逃避公安机关的抓捕，并且精心乔装打扮以躲避群众的举报，甚至躲至人迹罕至的深山，其承受的心理压力可想而知。而对于正常人来说，这显然是难以承受的心理折磨，这种隐性的成本，也是周克华为其犯罪恶行所现实承担的。第二个例子是某伤人凶手不堪逃亡生涯，最终在巨大的生活压力和心理压力之下选择了投案自首。[①] 媒体上此类报道可谓屡见不鲜，很多犯罪嫌疑人在逃亡的过程中不堪压力最终选择了投案自首以接受法律的惩处。对很多人而言，这种隐性的现实成本比购买枪支、支付用于实施犯罪的交通费用等金钱成本更加难以承受。这种人身自由的受限或丧失，以及常人难以承受的心理压力，显然也是行为人所需承受的现实成本的组成部分。

除了上述的现实成本，犯罪行为还有预期成本。预期成本就是犯罪行为当时没有实际承担而未来有可能承担的成本，它包括预期刑罚成本和机会成本。

预期刑罚成本并不是某一犯罪行为所应承担的法定刑的量，而是和犯罪行为被惩罚的概率密切相关的一个预期数值。法律经济学的理论认为，某一犯罪行为的预期刑罚，等于该犯罪行为的法定刑和其被惩罚概率的乘积。[②] 也就是说，预期惩罚和法定刑是两个不同的概念。预期刑罚既和某一犯罪的法定刑不可分割，又和该犯罪行为被查处并对行为人施加惩罚的

---

① 参见 http://news.sohu.com/20070108/n247469203.shtml，2012 年 10 月 2 日访问。

② 参见（美）罗伯特·考特和托马斯·尤伦：《法和经济学》（第五版），史晋川等译，格致出版社·上海三联书店·上海人民出版社 2010 年版，第 466—467 页。

概率紧密联系。当一个犯罪行为的法定刑比较高，但该行为被处罚的概率比较低时，预期刑罚的数值并不一定就高，这样的刑罚配置可能威慑力并不明显。

每一个犯罪行为实施后，行为人被定罪处罚的概率是不确定的，犯罪行为的查处和国家机关对警力及相关设备等公共资源的投入具有很大关系，在任何一个国家和地区，都很难做到将所有的刑事案件全部侦破并将所有的犯罪分子绳之以法。这也正是经济学研究资源配置问题的原因所在。当一个社会的破案率非常高时，就意味着犯罪分子逃脱惩处的概率很低，这显然有利于对犯罪分子的威慑，而且这种威慑比严酷的刑罚更为明显，也比严酷的刑罚更加符合人类文明的发展趋势。正如贝卡利亚早就曾指出的，刑罚的有效性不在于其严厉性，而在于其确定性，说的正是这个道理。

我们可以以盗窃罪为例来说明这个原理。假如对所有的盗窃犯罪都判处罚金，而且罚金的数额就等于盗窃的数额，除此之外没有别的处罚，那么如果盗窃罪的处罚概率为 80%，对理性的犯罪行为人来说，盗窃犯罪在很多时候是有利可图的（如果其支付的现实成本很小的话）。比如，犯罪行为人盗窃了价值 10000 元人民币的物品，在处罚概率为 80% 的情况下，其预期刑罚为 10000 × 80%=8000 元人民币，如果其犯罪行为的现实成本为 500 元，机会成本又基本可以忽略不计，那么其犯罪行为的收益就大约为 10000-8000-500=1500 元人民币。在这种情况下，理性的犯罪分子会选择实施盗窃行为。如果其罚金刑的数额升高，而惩罚概率不变，则其预期刑罚也会升高；或者罚金刑保持不变，而其被惩罚的概率提高，则其预期刑罚也会提高。但是犯罪行为的处罚概率最高为 1，并且基本难以达到 1 的水平，因此法定刑罚的配置对于预期刑罚的影响就至关重要。

预期刑罚对犯罪决策的影响，可以用下图来简要地分析。[①]

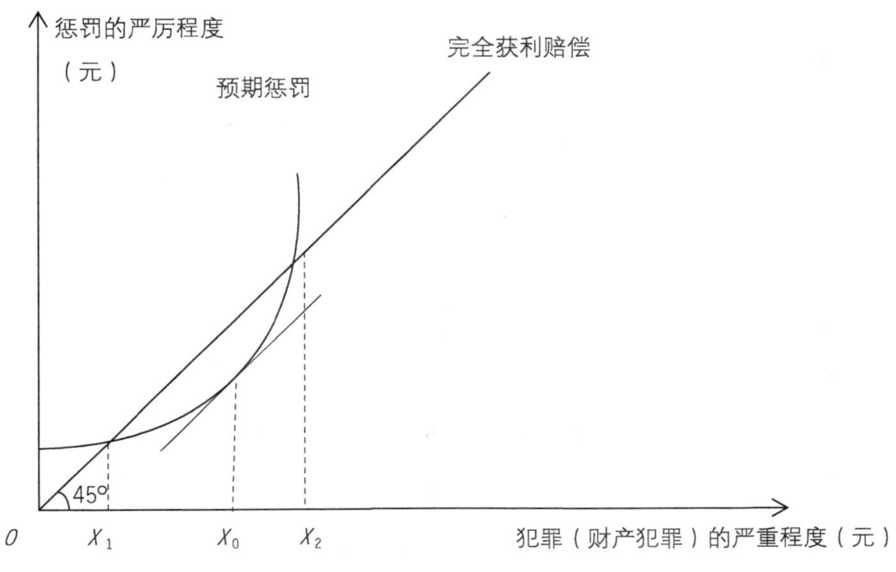

图 2.1 预期惩罚对犯罪决策的影响

上图中，完全获利赔偿就是对财产犯罪的被害人进行完全等值的赔偿，使得被害人的效用损失得到充分的弥补。而当财产犯罪数额在 X1-X2 之间时，预期刑罚低于完美获利赔偿，在不考虑其他犯罪成本的情况下，理性的犯罪分子肯定会实施该项财产犯罪，并且其在犯罪数额为 X0 时，其犯罪收益最大，理性的犯罪分子会实施此数额的财产犯罪。当预期刑罚高于完全获利赔偿时，理性的犯罪分子实施该项犯罪的可能性几乎不存在，因为预期刑罚已经考虑了被判处刑罚的概率。因此，刑罚的合理设置，可以影响预期刑

① 该图可参见（美）罗伯特·考特、托马斯·尤伦：《法和经济学》（第五版），史晋川等译，格致出版社·上海三联书店·上海人民出版社 2010 年版，第 408 页。该图的分析基于预期惩罚是影响犯罪决策的唯一因素这一假设，但本文不认可这一假设，认为除了预期惩罚之外，还有其他一些经济和非经济的因素会影响犯罪决策，但是该图分析问题的思路和方法可以借鉴。

罚成本，从而尽可能有效地预防犯罪行为。

从上述分析可以看出，预期刑罚越高，则刑罚的威慑力就会越强，其威慑犯罪分子、预防犯罪的效果也就更为明显。在预期刑罚成本和其他成本之和超过犯罪的收益的时候，理性的犯罪分子就会选择不实施犯罪行为，以避免承担没有收益的成本支出。当然，如前所述，提高犯罪分子的预期刑罚成本可以通过提高犯罪行为的法定刑或提高犯罪行为被制裁的概率这两种途径来实现。前一种途径可能导致重刑主义，后一种途径则需要更多的公共财政投入和支持，因此，如何保持二者的平衡，就是一个需要认真研究的重大的理论和实践问题。

犯罪行为预期成本除了预期刑罚成本之外，还有一种预期成本是机会成本。机会成本是经济学中的一个重要概念，它是指一个人或者组织将资源投入到做某件事情而承受的不能将此资源投入做其他事情的最大损失。也就是说，机会成本是指一个人或者组织将资源投入到其用此资源所做事情之外的其他事情所能获取的最大收益。举个简单的例子，某企业有大笔存款存在银行，并且利息很低，有关负责人就决定将这笔钱用于投资，假设可选的理财产品很多，甲理财产品的收益为 1000 万元人民币，乙理财产品的收益为 1200 万元人民币，其他投资项目的收益都在 1000 万元人民币以下，那么，如果选择甲理财产品，则该企业投资甲理财产品所承受的机会成本就是 1200 万元人民币；如果选择乙理财产品，则该企业投资乙理财产品所承受的机会成本就是 1000 万元人民币。上述情况下，虽然投资甲理财产品也有很高的收益，但是，该企业进行成本—收益分析之后，理性的选择是投资乙理财产品。同样的道理，如果某人将自己的存款用来投资，同样会承担相应的机会成本。

当然，广义来说，机会成本并不是都可以用经济收益加以衡量的。很多时候，人们做某件事情的机会成本，无法用经济收益来具体衡量，因为很多事情的收益并不是经济利益或具体数值可以衡量的，比如某些精神性收益或效用，就很难用具体的数值去衡量，这也正是基数效用论的困境和其所面临的挑战所在。在这种情况下，序数效用论就有了发挥其优势的空间。因为很多精神性的收益虽然难以用基数衡量，但是序数效用理论可以对不同的非物质收益进行比较。比如，某人有两个小时的休闲时间，这样的时间可以去踢足球或者打篮球，也可以去游泳，还可以做其他运动。那么序数效用理论可以对这些不同的运动所能带给该人的收益（效用）进行排序，该人理性的选择就是选取给他带来最优效用的运动，其承担的机会成本就是能够给他带来次优效用的运动的损失。

上述所说的机会成本，是传统法经济学所认识的犯罪行为的机会成本。但是，这种对于犯罪行为机会成本的认识还是不够全面。最近以来，国家检察官学院副教授、北京大学博士生沈海平先生对此问题进行了更为深入的研究，发现并指出了另外一种机会成本，就是预期刑罚机会成本。所谓预期刑罚机会成本，是指犯罪行为人在实施犯罪行为并因此被定罪量刑，其刑罚执行完毕之后所需承担的一些机会的丧失。[①] 我国的相关法律，诸如《检察官法》《法官法》《律师法》《公务员法》等相关法律都明确规定了对曾因犯罪或故意犯罪而受到刑罚处罚的公民的任职资格限制，这样的限制对曾因犯罪或故意犯罪而受到刑罚处罚的人来说，无疑也是一种很高的代价，对其职业发展的不利影响是显而易见也是相当深远的。不仅如此，对曾因犯罪或故意犯

---

① 沈海平先生将这种成本称为“预期的机会成本”，而将传统的机会成本称为“现实的机会成本”。笔者认为，所谓的机会成本，都是预期的机会成本，因为这并非现实发生的成本，而是和预期的收益联系起来、并未现实发生的成本，从这个意义上讲，机会成本都是预期的，因此，很难再将机会成本分为“预期的机会成本”和“现实的机会成本”，所以笔者认为，沈海平先生所说的“预期的机会成本”，称之为“预期刑罚的机会成本”可能更为恰当。参见沈海平：《寻求有效率的惩罚——对犯罪刑罚问题的经济分析》，中国人民公安大学出版社 2009 年版，第 140—141 页。

罪而受到刑罚处罚的人来说，其在正常的入伍、就业、婚恋以及其他正常的商务或人际交往中，也会受到一定的区别对待，这和我们整个社会的文化传统有关。

这种预期刑罚机会成本，在现实社会中是一种客观存在。绝大多数的犯罪行为，不仅是违反刑法规范的行为，而且是严重违反社会道德规范的行为，在自然犯的犯罪类型中，这一特征体现得极为明显。比如实施杀人、抢劫、强奸、盗窃等犯罪的犯罪分子，在人民群众中所获得的社会评价以及其社会地位是显而易见的，绝大多数的人都会对强奸犯、盗窃犯怀有鄙视的心理，而不愿与之接近和交往，这是一种普遍的社会道德价值观，也是我们整个社会得以和谐共处的价值基础。即使是法定犯的犯罪类型，犯罪行为人所获得的社会道德评价也大多是负面的，并且其所获得的法律上的负面评价和自然犯并无本质的区别。因此，预期刑罚机会成本，是法律规范和社会道德规范对行为人的双重制约，这会成为影响一个人是否实施犯罪行为的重要因素。

通过上述分析，我们可以理解，当一个理性或有限理性的行为人选择某一行为时，一定会考虑到其所承担的机会成本，这种考量可能是有意识的，也可能是下意识的，但是这种考量会对其行为决策带来重大影响。一般来说，当行为人做某项事情所要承担的机会成本高于其做该项事情的收益时，其就不会去做该事情，而是转而去做能够给他带来更高收益的另外一件事情。比如，如果一个人花两个小时的时间可以偷到 2000 元钱，而花同样的时间和精力、通过合法的途径他可以挣到 2000 元钱或者更多，则该人实施盗窃行为所承担的机会成本已经等于或大于其盗窃行为的收益，则正常情况下该人是不会去实施盗窃行为的。这也是盗窃犯罪的犯罪分子大都是没有稳定工作和固定收入的无业人员的重要原因。

由此可见，从法律经济学的观点来看，刑罚对于犯罪行为人来说，只是其为犯罪行为所可能支出的成本之一。刑罚并不是犯罪行为人实施犯罪行为时所面临的唯一成本，也不是制约其犯罪行为的决定性成本。对犯罪人行为决策至关重要的成本，包括现实成本和预期成本，具体而言，包括现实的金钱成本和非金钱成本，以及预期刑罚成本、机会成本和预期刑罚机会成本等几部分的成本。其中任何一个成本发生变化，都会对行为人的成本—收益产生影响，进而影响到其行为决策。

第三节 犯罪行为的法律经济学分析之不足和优势

运用法律经济学的理论，对犯罪行为进行法律经济学的分析，既有其自身所面临的局限和挑战，也有传统理论所不具备的优势。总体来说，其不足和优势主要有如下一些方面。

一、犯罪行为的法律经济学分析之不足

（一）不足之一：成本的难以计算

如前所述，在运用成本—收益理论进行分析时，一定要全面考虑所有的成本，方能正确判断成本对行为决策的影响，如果只考虑部分成本，则难免对行为的预测产生偏差。有学者只是将影响犯罪行为人决策的因素限制在预期刑罚成本，认为预期刑罚成本就是法定刑罚和惩罚概率的乘积，预期刑罚成本的变化会直接影响到行为人犯罪的严重程度和犯罪频率，也会直接导致犯罪总量和犯罪率的变化。[①] 笔者认为，预期刑罚成本当然会影响到犯罪行为人的行为决策，并因此导致犯罪总量和犯罪率的变化，因为预期刑罚成本会影响到犯罪行为的总成本，进而对成本—收益的衡量产生直接影响。

---

① 参见（美）罗伯特·考特、托马斯·尤伦：《法和经济学》（第五版），史晋川等译，格致出版社·上海三联书店·上海人民出版社 2010 年版，第 470—471 页。

但是，如前所述，除了犯罪行为的预期刑罚成本之外，影响犯罪行为人决策的成本制约因素还包括了行为人直接的金钱支出、现实非金钱成本、机会成本和预期刑罚机会成本等内容。直接的金钱支出是很容易衡量的，对行为人来说也是很容易自我控制的，因此，该方面的成本变动主要是由行为人自己来调整和控制的。当然，国家机关可以通过一些相关政策的制定，加大行为人投入用于犯罪的金钱支出的难度，比如通过加大对枪械、管制刀具等易被用于实施犯罪行为的物资的管控，使行为人难以在此方面进行投入，从而控制犯罪行为人可以用于实施犯罪行为的现金支出。不过，总体而言，犯罪行为的现实金钱成本主要由行为人自己控制，而且此项成本也是可以明确计算与衡量的。

相对于可以明确衡量的现实金钱成本，现实非金钱成本的衡量则困难得多。因为行为人的个体差异，其所能承受的非金钱成本差异也是比较巨大的。对于绝大多数人来说，实施犯罪行为之后将会面临很大的心理压力，承受巨大的良心折磨，并为逃避惩处处心积虑、提心吊胆。在有被害人的刑事案件中，除了国家有关机关投入的侦查案件的资源之外，很多时候被害人自己也会为了追捕犯罪嫌疑人提供人力、物力资源的支持。并且，很多比较严重的刑事案件，国家机关通过发布通缉令等形式，为犯罪嫌疑人设置了天罗地网，使犯罪嫌疑人在被抓获之前的逃亡生涯充满了艰难困苦，这也是那么多逃避多年的犯罪嫌疑人选择投案自首接受惩处的重要原因。因为对于确定的惩罚而言，居无定所、漂泊无助、不敢以真面目示人的压抑状态对一个人身心的摧残是非常严重的。也正是因为如此，绝大多数公民即使拥有犯罪机会，也会主动放弃而避免承受这种难以承受的心理折磨。

但是，上述非金钱的现实成本很难以衡量，它跟一个人的成长环境、受教育程度、道德修养等因素密切相关，不同的人的心理承受能力也有很大差异，因此，有的犯罪分子能够承受极端恶劣的生存环境，并能多次实施作案，比如之前不久被重庆警方击毙的持枪抢劫杀人系列案件的犯罪嫌疑人周克华，就是一个心理承受能力和野外生存能力极强的人。显然，如何衡量一个人承受犯罪行为的非金钱现实成本的能力，对我们来说是一个极大的难题和挑战。

（二）不足之二：收益的难以具体衡量

可以毫不夸张地说，社会上所有的犯罪行为，都是为了追求一定的收益，这种收益可以是经济上或金钱上等物质性的收益，也可以是非物质上的精神性收益。不管怎么说，对于犯罪行为人来说，这种物质性或精神性的收益都是一种效用，能够给其带来物质上或精神上的满足。因此，不追求任何收益的犯罪行为是不存在的。[①] 故意犯罪不言自明，在故意犯罪中，犯罪人都是明知其行为能够产生危害社会的结果，但是却积极追求或放任这种危害结果的发生，其追求物质性或精神性收益的主观心态自不待言。即使是过失犯罪，行为人也是为了追求某种收益。在过失犯罪的情形下，行为人应当认识到其行为可能产生危害社会的结果，却因为疏忽大意而没有预见，或者已经预见而轻信能够避免，并导致了危害结果的发生。其疏忽大意或轻信能够避免的情形，显然节省了其对自己行为所投入的精力上和时间上的成本，这种成本的节约，也是一种收益。

既然所有的犯罪行为都有收益，那么在具体的犯罪中，进行收益分析就有了现实的可能。比如，在财产性犯罪中，犯罪行为的收益体现得非常明显。比如犯罪行为人甲盗窃五千元人民币，则其犯罪的收益就是人民币五千元；犯罪行为人乙抢劫一万元人民币，则其犯罪收益就是人民币一万元。所有财产犯罪的收益都比较容易衡量，其犯罪收益就是其犯罪行为所得财产。

---

① 当然，此处所说的犯罪行为是指法律意义上的犯罪行为，即满足了所有的犯罪构成要件的行为，精神病人侵害法益的行为，因为不具备犯罪构成的主体要件，因此其行为不是法律意义上的犯罪行为。

因此，财产犯罪的收益的判断相对是比较容易的，对财产犯罪的成本—收益分析就相对比较容易和简单。但是财产犯罪只是所有犯罪的一大类，还有另外一大类是非财产犯罪，对非财产犯罪来说，犯罪行为的收益就不是那么明显和易于衡量了。

在非财产犯罪中，最为常见的是侵犯公民人身法益的犯罪。在侵害公民人身法益的犯罪中，很多犯罪收益是很难衡量甚至是无法衡量的。财产犯罪的收益都有一个明确的数额，但是侵犯公民人身法益的犯罪的收益没有具体明确的数额，而只是一个大概的量。有学者指出，可以通过一种客观上的关联来度量一个侵犯公民人身法益的犯罪的大概收益。比如，某甲花费20万元人民币雇凶杀害乙，则杀害乙的犯罪行为对甲而言，其大概的收益就是20万元人民币，或者更高。[①] 这无疑是一个考察分析犯罪收益的思路。但是，笔者认为，这样的思路虽有某种程度的合理性，但是还是难以相对准确地衡量此类犯罪行为的犯罪收益。因为相对于甲而言，其雇凶杀害乙愿意支付的价格为20万元，而相对于其他人而言，则雇凶杀人的价格可能为10万元，也可能为100万元。这种雇凶杀人的价格，或者说此类杀人犯罪行为的大概的收益，和被杀害对象的重要程度、雇佣者的支付能力以及被雇佣者的社会经济状况等因素都有密切的关系。很难将这种偶然的价格推而广之，进而得出杀人犯罪的收益为20万元人民币的结论。

我们还可以举出另外一个例子来说明这个问题。在著名的方舟子遇袭案中，雇凶者肖某花费人民币10万元雇来两人以“教训”方舟子。据相关媒体报道，其犯罪的原因在于，方舟子曾经对其进行“打假”，致使其学术地位和

---

① 参见沈海平：《寻求有效率的惩罚——对犯罪刑罚问题的经济分析》，中国人民公安大学出版社2009年版，第137页。

职业发展受到影响。[①] 可以说，其所受到的不利影响已经成为沉没成本，对方舟子进行教训并不能使其受损的学术声誉、学术地位和职业发展得以恢复。那么其雇凶教训的行为，最大的收益就是精神上的，通俗地说，也就是为了出一口气。那么我们很难说，肖某在该犯罪行为上的收益就是其雇佣支出的十万元人民币。即使我们认可其犯罪收益就是十万元人民币，也不能推而广之说此类犯罪的收益就是人民币十万元。这是因为，该案具有很大的特殊性，雇佣者、被雇佣者、被害人都是比较独特的，很难将其推广到其他类似案件。

也就是说，对于非财产犯罪来说，其犯罪收益很难具体衡量，这无疑也为犯罪的成本—收益分析带来了困难和挑战。

（三）不足之三：个体风险偏好之不同

之前曾经提到，在任何一个社会，犯罪行为都是侵害法律规范的行为，并且绝大多数犯罪行为同时也是侵犯道德规范的行为。因此，犯罪行为人不但要面临可能的刑罚惩处，还将面临道德的谴责，除非其在实施犯罪行为之后能够成功逃脱，不被任何人发现，但是，其永远不被发现的概率是比较低的。中国有句古话，“要想人不知，除非己莫为”，犯罪行为人一旦实施其犯罪行为，就面临被抓获并处罚的风险。

一般来说，不同的犯罪行为，其被抓获的风险会有所不同。而在对犯罪行为进行成本—收益分析时，已经将这种风险考虑在内。在计算预期刑罚成本的时候，不是直接将某种犯罪行为所对应的法定刑计为预期刑罚成本，而是将该种犯罪行为对应的法定刑乘以该犯罪行为被处罚的概率。这样计算，就将犯罪行为的风险高低考虑在内，使得成本估计的科学性有了进一步的提高。但是，虽然计算出来的预期刑罚成本是固定的，但是对不同的犯罪

---

① 参见朱永杰：《方舟子遇袭 学术之争竟靠锤子解决？》，载新华网 http://news.xinhuanet.com/comments/2010—09/27/c_12612326.htm，2012 年 3 月 6 日访问。

行为人的威慑力却又有不同。

在某种意义上，犯罪行为如同赌博，就像赌博有输有赢一样，犯罪行为人通过实施犯罪行为，可能达到自己的预期目的，也可能达不到自己的预期目的，更有可能得不偿失、偷鸡不成蚀把米。对于犯罪既遂又没有被抓获的犯罪行为人来说，其预期的收益基本达到了，而对于犯罪未遂或中止又没有被抓获的犯罪行为人来说，其预期收益则基本没有达到，而对于被抓获的犯罪人来说，不管其预期收益是否达到，注定会得不偿失，否则，就是刑事法律的规定不够合理。但是，这是基于事后的分析判断，在行为之前，很多收益和成本都是一种不确定的状态，这种不确定状态就是行为所面临的风险所在。如果犯罪行为一旦实施就必定被抓获并付出高昂的代价，则犯罪行为人实施该犯罪行为的可能性就大大降低，因为这意味着行为人不能从行为中获得任何好处，反而会付出代价。这也正是贝卡利亚所言的，刑罚的确定性比刑罚的严酷性更有威慑力。

理论上虽然如此，但是，破案率的高低和公共资源的投入密切相关，较高的破案率也意味着高昂的公共资源成本支出。因此，在任何一个社会，都会存在犯罪黑数，也就是说，犯罪行为没有被发现这样的现象，在人类社会里是一种客观存在，这和人类认识和改造社会的能力局限有关，也是一个社会的经济基础所决定的。一般来说，一个社会中的个人群体，会包含不同的类型，各种不同的类型对待风险的态度也有差异，有的喜欢平稳而厌恶风险，有的则喜好风险，还有的则对风险的态度比较中庸。相对应的，这些不同的人就是风险厌恶、风险偏好或者风险中性的类型。并且，即使在同一类型中，不同的人风险厌恶和偏好的程度也有不同。

对于绝大多数风险厌恶者来说，终其一生，也基本不会实施犯罪行为，除非某一犯罪毫无风险（但是这基本是不可能的）。而对于风险偏好者来说，只要存在犯罪黑数，就会有高度的风险偏好者，希望能够不劳而获或者通过较低的成本支出获取较高的收益。这也是任何一个社会都难以禁绝犯罪行为的原因。只是，由于风险偏好的程度不同，预期刑罚成本对行为人的威慑力就有很大差异。因此，预期刑罚成本虽然是固定的，对不同的行为人而言，却具有不同的意义。如何最大限度发挥刑罚的预防效果，衡量起来也会比较困难。

（四）不足之四：机会成本之个体差异

正如前文所述，犯罪行为人所承担的机会成本，对其行为决策具有重要影响。犯罪行为的现实成本基本可以由行为人自己控制，其投入多少经济资源用于实施犯罪行为，以及能够承受多大程度的精神和心理压力，大都可以由行为人根据自身条件决定；而预期刑罚成本、预期刑罚机会成本对不同的行为人而言，差异不是非常的大。但是，对于犯罪行为的机会成本来说，不同的行为人之间的差异是非常巨大的，这就为我们评估犯罪行为的机会成本提出了巨大的挑战。

根据中国人民大学法学院著名教授冯玉军教授的研究，在不是很长的一定时期内，假定某一社会的儿童入学率和人口死亡率为一常数，则犯罪率将随 GDP 即国民生产总值的增加而降低，并随基尼系数[①]（Gini coefficient）的升高而升高。[②]也就是说，一个社会的犯罪率，和该社会的整体经济发展状况以及该社会的财富分配状况具有密切联系。当一个社会总体的经济发展状况向好时，社会居民犯罪的意愿将会下降，而如果社会财富分配不平均、贫富差距扩大时，则居民的犯罪意愿也会上升。究其原因，是因为在不同条

---

① 基尼系数是指在全部居民收入中，用于进行不平均分配的那部分收入占总收入的百分比，该系数介于 0—1 之间。它是意大利经济学家基尼（Corrado Gini，1884—1965 年）于 1912 年根据洛伦茨曲线提出的判断分配平等程度的指标，一个社会的基尼系数越大，则表示该社会的财富分配越不平均，亦即贫富差距越大。

② 参见冯玉军：《法律与经济推理——寻求中国问题的解决》，经济科学出版社 2008 年版，第 338 页。

件下，行为人面临的机会成本有很大的差异。

很显然，如果一个社会的整体经济发展状况非常糟糕，社会居民的生活水平非常低下，那么该社会居民所能获得的就业机会、社会福利状况都处于较低的水平，其因为实施犯罪行为可能失去的东西就会越少，换言之，就是其机会成本很低。在这种情况下，行为人实施犯罪行为的意愿就会相对更为强烈。因为整体而言，其因犯罪行为而负担的总成本处于相对较低的水平，面对犯罪行为收益的诱惑，其实施犯罪行为的积极性也有所提高。反之，当一个社会的整体经济发展状况比较好，居民能够安居乐业，充分就业并享受较高水平的社会福利，则其实施犯罪行为所承担的机会成本就比较高，其承担的总成本也随之升高，其实施犯罪行为的积极性就随之降低。

同样的道理，当一个社会的基尼系数处于较为合理的水平时，社会财富的分配较为合理，合理的财富分配制度能够有利于鼓励人们努力创造财富实现价值，通过合法途径发财致富过上幸福生活，从而不需要也不愿意通过违法犯罪的途径去追求效用的满足。而一旦基尼系数处于较高的不合理的水平时，不合理的分配制度会打击人们通过正常途径创造财富的积极性，增加处于较低社会地位的人们的不公平感，其拥有的社会财富数量或比例很少，享有的社会资源和社会福利也相对较低，因此实施犯罪行为的机会成本就比较低，从而更易于实施犯罪行为。

如果对我国的刑事司法实践有所了解，就能感觉到上述理论的合理性和实践对该理论的印证。一般来说，一个社会的犯罪人群，大多数都是社会经济条件和社会地位较低，受教育程度、就业机会、享有的社会财富和社会资源都较低或较少的那部分人。而能够拥有体面的工作、稳定的收入，同时享受全面的社会福利保障的人，其物质和精神的效用都能够通过合理合法的途径予以满足。这部分人都不愿意去实施犯罪行为，因为其实施犯罪行为所承担的机会成本过于高昂，使得他们没有任何必要、也没有任何积极性去实施犯罪行为以满足自己的效用。也正因为如此，德国著名刑法学家李斯特提出了他的名言："最好的社会政策就是最好的刑事政策。"[①] 政府通过努力发展经济，并制定合理的收入分配和社会保障制度体系，能够更为有效地控制犯罪。这对于当今经济快速发展、贫富差距巨大的中国而言，无疑具有极为重要的启示意义。

（五）不足之五：隐含的道德风险

我们对犯罪行为进行成本—收益分析，最终的目的是为了研究犯罪的控制和刑罚的配置问题。那么，我们就不得不说，成本—收益分析方法作为经济学理论的一种分析工具，在运用到分析法律理论及实践的时候，存在潜在的道德风险。这种风险，已经有很多研究予以关注，也如前所述得到了不少传统法学家的批评。客观而言，经济学家对效率的过度关注可能会和法学家对公平正义理念的追求有所冲突。

在哈佛大学著名的公开课《公平与正义》[②] 的课堂上，迈克尔·桑德尔（Michael Sandel）教授提出了一个非常严肃的问题：当你有机会杀死一个人而去救另外五个人的时候，你会如何抉择？显然，这是一个相当困难的抉择，也是一个非常艰深的理论问题。在我们的现实生活中，这种抉择不是随处可见，但是总有一些状况，需要我们做出类似的决断，使我们陷入道德与法律的疑难与困境中，左右为难。基于不同的思维方式和价值理念，人们可能做出截然相反的选择。而到底如何选择，才是公平和正义的，可能是一个见仁见智的问题。

---

① 转引自李甘林：《最好的社会政策就是最好的刑事政策》，载中国法院网 http://old.chinacourt.org/public/detail.php?id=152164，2012 年 3 月 8 日访问。

② 该公开课可以在网上搜索到，比如网易公开课频道 http://v.163.com/special/justice/，还有优酷视频网站教育频道 http://www.youku.com/playlist_show/id_16893712.html 与土豆网 http://www.tudou.com/playlist/id/10443893/ 等。该公开课有相当多的人点击观看，产生了非常广泛的影响。

功利主义哲学的思维方式是结果导向的，如果行为的结果是合理的，那么行为在很大程度上就是合理的，我们很难苛责实施了产生合理结果的行为的行为人。比如，损失一个人的生命而挽救另外五个人的生命，在功利主义者看来，具有很大的合理性，这也是运用成本—收益分析方法所得出的当然结论。边沁就是功利主义的代表人物之一。而相对应的，另一种绝对主义的道德哲学则认为，道德有其绝对的原则和准则，无论行为的结果如何，行为本身不能违反绝对的道德准则。此类绝对主义的哲学家以康德为代表，也具有极为深远的影响力。

对犯罪行为进行成本—收益分析，最终是为了更好地控制犯罪，配置刑罚。但是，功利主义的思维方式有其自身的缺陷，稍有疏忽，就可能陷入庸俗的实用主义的泥潭，而违背公平正义的要求。而公平正义，恰恰是传统法律理论、法律制度以及法律实践所追求的重要目标之一。在配置刑罚时，一定不能仅仅考虑成本与收益，还要考虑公平正义以及人道主义的要求，才能适应现代文明的法治实践。否则，很可能在配置刑罚时只关注了结果和效率，而忽视了法治的人道主义和公平正义的要求，从而使刑罚沦为政治统治和侵犯人权的庸俗的工具。

二、犯罪行为的法律经济学分析之优势

（一）优势之一：经济学理论强大的解释力

经济学理论具有极为强大的生命力，从微观到宏观，从个体到组织，可以说，在人类社会经济生活的各个领域，经济学理论的触角无处不在，并以其超强的解释力迅速渗透到其他学科门类，造成了“经济学帝国主义”的现象。

著名经济学家、1992 年诺贝尔经济学奖获得者加里·贝克尔教授运用

经济学理论，进行了非常广泛的研究，其研究领域涵盖了传统上属于政治学、社会学、法学、社会生物学、教育学、人口学等人文社会科学研究的领域，试图运用经济分析理论研究全部人类行为。其经典著作《人类行为的经济分析》对人类社会的各种行为进行了全面的分析。在贝克尔眼中，不仅可以对人类社会所有经济领域的行为进行经济分析，同时经济分析还适用于对非经济领域的人类行为。比如，其在《人类行为的经济分析》一书中，对歧视与偏见、婚姻与家庭、犯罪与惩罚、时间和家庭生产、非理性行为等相关问题进行了经济分析，[①] 做出了其独特的、卓越的历史贡献。笔者认为，加里·贝克尔教授最大的贡献，在于其眼界和研究思路的开阔性，其大大地拓展了经济分析理论研究的空间，使得所有的人类行为，都被纳入了经济分析的视野。

而法律经济学正是运用经济学的基本理论和思维方式研究法律问题的交叉学科。经济学理论研究方法的独特优势和传统法学研究方法的结合，无疑大大丰富了法学研究的方法和思路。从科斯的两篇论文《厂商 / 企业的性质》与《社会成本问题》开始，法律经济学从萌芽到迅猛发展，经历了诸多经济学家的扩充，已经在世界范围产生了极为深远的影响。

从以布坎南为代表的公共选择学派将经济分析方法用于分析宪法、政治问题，到“芝加哥学派”将经济分析方法运用到非经济问题领域所取得的空前的成功，法律经济学的解释力也得以空前彰显。以科斯、布坎南、贝克尔、斯蒂格勒、诺斯为代表的新制度经济学家先后获得诺贝尔经济学奖，法律经济学对法律制度的研究获得深入的进展，法律制度变迁和法律制度创新被纳入经济分析的视野，并获得了空前的成功。其后的波斯纳作为法律经济

---

① 参见加里·S. 贝克尔：《人类行为的经济分析》，王业宇等译，上海三联书店、上海人民出版社 2008 年第 2 版，第 16 页。

学研究的杰出代表，系统地吸收了前人的研究成果，可谓运用经济分析方法研究法律问题的集大成者。其运用经济分析方法研究立法、司法、民事、刑事等实体法律以及程序法等相关问题，为法律经济学的进一步发展做出了卓越的贡献。随着纳什、泽尔腾和海萨尼等三位博弈论专家被授予1994年的诺贝尔经济学奖，博弈论的应用也日益广泛，并被运用到法学研究中。[①]

可以说，人类行为的一切领域，都可以用经济学理论来分析，因为各种各样的人类行为，都遵守一个基本的规则，就是成本与收益规则。一个有一定收益的行为，其预期成本越低，实施该行为的人数越多。对此，下图可以给予很好的说明。[②]

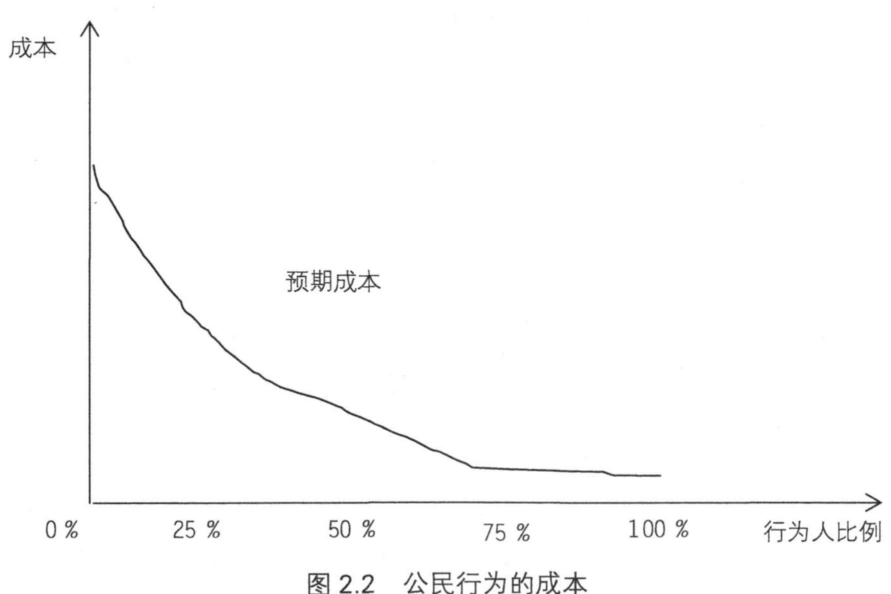

图 2.2　公民行为的成本

总之，经济学理论在法学研究中的广泛应用，使得法律经济学的发展

① 参见钱弘道：《经济分析法学》，法律出版社2003年版，第1—3页。

② 该图可参见（美）罗伯特·考特、托马斯·尤伦：《法和经济学》（第五版），史晋川等译，格致出版社·上海三联书店·上海人民出版社2010年版，第478页。

不断深入，并且，这一趋势仍在持续推进。虽然我国法律经济学的发展研究还处于较为初级的阶段，但是，其发展前景是非常广阔的，笔者相信，法律经济学的研究结论和研究方法，必将对我国的立法及司法实践产生越来越重要的影响。

（二）优势之二：法律与经济联姻的历史必然性

在相当长的历史时期内，法学研究都具有自己的传统，法律和经济的联系并不是特别密切。但是，随着社会经济条件的变迁和法学研究的不断发展，法律与经济的关系逐渐得到了重视。但是，对于法律与经济之间的关系认识最为深刻的，还是马克思主义法学。

伟大的共产主义导师马克思和恩格斯最为深刻地阐述了法律与经济的关系，他们从唯物史观和唯物辩证法出发，科学地揭示了法律与经济的辩证关系。根据马克思主义的基本原理，经济基础决定上层建筑，上层建筑又反作用于经济基础，二者是决定与被决定、作用与反作用的辩证统一关系。而法律制度是上层建筑的重要组成部分，它是由经济基础所决定的、适应于特定的社会经济发展条件与水平的历史的产物。一个社会法律制度的产生与发展，受到该社会经济发展水平与由经济基础所决定的文化发展的制约。因此，超越特定的历史条件，空谈法律制度体系的发展变革，必然会陷入自说自话的困境之中，难以自拔。

在当前的中国，法律制度的发展不断推进完善，法治化的程度日益提高，各项法律制度的变迁在不断发生，我们尤其应当注意，法律制度的发展改革，一定要符合社会经济条件和历史文化现实的要求，否则，落后的法律制度将会阻碍经济的发展，而过于超前的法律制度也会成为美丽的空头支票，难以达到预期的效果。刑罚制度和刑罚体系的改革也是如此，我们不能忽略当前中国所处的社会经济历史条件，也不能罔顾由现实的经济基础所决定的文化发展的制约。刑罚改革必须考虑经济基础的决定作用，也必须考虑上层建筑对经济基础的反作用。也就是说，即使不运用法律经济学的分析方法，刑罚改革同样不能忽略社会经济发展条件的制约，而法律经济学的分析方法，在法律与经济的结合上，具有无可比拟的优势。

（三）优势之三：法律规范不能忽略功利主义的优势

在任何一个法律规范中，都会有权利义务关系的存在，马克思主义的基本观点认为，权利和义务是一对对立的范畴，二者相辅相成、对立统一，没有无权利的义务，也没有无义务的权利。一般来说，权利和义务关系是相对应的，互不干扰，互相独立，行使权利和履行义务并不矛盾。虽然在法律规范中，权利义务是泾渭分明的，但是在司法实践中，也会存在权利冲突或者义务冲突的问题。在出现权利冲突或义务冲突之时，司法实践应如何应对如何处理，方能使结果合理合法又能实现法律的最终目的，是很考验司法工作人员智慧的问题。

作为法律人，我们对私有财产的神圣不可侵犯以及法律对私有财产权的保护都已经习以为常。但是，能够进一步思考其原因和根据的法律人却并不多见。如前所述，根据科斯定理，如果交易费用为零，则初始产权的界定对经济运行的效率没有影响。但是，交易费用为零只是一种假设，而这种假设和现实社会是不相符合的，因此，初始产权的界定就会变得非常重要。接下来，要促进经济运行的效率，保障社会经济的不断发展，对产权的保护也就显得至关重要。而一个社会的经济发展，与法律对产权的保护程度密切相关。在市场经济条件下，完善的法律制度是市场经济健康发展的有力保障，这已经为发达的市场经济国家的现实所印证，也是我国大力发展市场经济、建设社会主义法治国家的根本原因。我国在宪法修正案中将国家保护私有财产权的内容写入宪法，也表明了我国政府顺应历史发展、平等保护财产权的态度和决心。

在民商事的法律规范中，常常会存在权利冲突或义务冲突的问题。比如说，不同种权利或者同种权利在行使时，可能会面临难以充分行使或完全行使的难题，也就是说，如果权利主体同时实现权利，则义务主体无法履行或者无法完全履行。最简单的例子就是，两对到期债权债务法律关系，债务人为同一人，债权人为两个人，且债务同时已届清偿期，但是债务人的财产不足以清偿两份债务，如果两个债权人同时起诉，则法律会判决债权人按债权的比例受偿。同时，法律还规定了很多优先权，对某些情况下的债权人进行优先保护。

在刑法规范中，同样存在类似的情形。当法律面临两难的选择时，必须进行抉择，如何处理方能使得结果更为公平合理，换句话说，就是如何设定规则，方能使社会的效用最大化。比如在正当防卫和紧急避险的情形下，法律会对当事人的人身、财产等相关权利进行权衡，从而决定规范的导向和指引作用。在正当防卫制度设定的过程中，之所以赋予防卫人以正当防卫的权利，是出于正义的要求，因为其面对的是不法侵害；而对防卫人设立防卫限度的要求，无疑是出于功利主义的考虑，既考虑到防卫人的防卫需要，又考虑到整体的社会成本，不至于使被防卫人所承担的成本以及整个社会所承担的总成本过高而超过了合理的限度。在紧急避险的情形下更是如此，当人身安全受到侵害或威胁的时候，可以通过适度侵害他人人身或财产的方式加以躲避；在财产受到侵害或威胁时则可以通过适度侵害他人财产的方式加以躲避，无疑都是出于功利主义的考虑。

因此，功利主义的思维方式虽有其局限性，但是所有的法律规范，都不可能完全不顾功利主义的要求，这既不合理，也不符合实践的需要。

（四）优势之四：刑罚配置必须考虑效益的要求

长期以来，我国刑法理论界对刑罚问题的研究，大多立足于刑罚的正义性、公正性和谦抑性，而对刑罚的效益认识不足。在传统刑法理论中，基本上比较认可的刑罚价值主要有秩序、正义、自由等。

毫无疑问，秩序对一个社会的存在的重要性，无论如何强调都不为过。因为没有稳定的社会秩序，自由、正义等人类所珍视的价值就如同无源之水、无本之木，没有了存在的基础。但是，在传统的法学理论中，尤其是刑法理论中，秩序的价值没有得到足够的重视，它不像自由、正义等价值那样，闪耀着人道主义和理性的光芒。

我国当前处在不断改革创新、经济快速发展、同时社会矛盾也日益凸显的过程中，在这一过程中如何协调改革、发展、稳定的关系，是摆在我党和我国人民面前的课题。稳定是改革和发展的前提，没有和谐稳定的社会环境，就不可能有效推进改革，也不可能换来长久的可持续的发展。而稳定，正是对社会秩序的追求。社会秩序的稳定由多种因素综合决定，而刑罚的价值之一，就是保持社会秩序的稳定，为社会经济生活的发展提供保障。因此，秩序作为刑罚的价值，甚至是首要的价值，就有了其合理的基础。事实上，在刑法史上，将秩序作为刑罚价值甚至首要价值的学者不乏其人。其最为代表性的人物就是边沁和哈格，二者都明确将秩序作为刑罚的首要价值。①

人们对自由的认识经历不同的阶段，对自由的认识也不断深化。不同时期、不同国别的哲学家、法学家们论述自由的作品也是汗牛充栋。到目前为止，虽然人们对自由的认识还存在差异，但是在自由和对自由的约束总是同时存在、没有绝对的自由只有相对的自由这一点上，人们已经基本达成了共识，而且自由作为法律的基本价值的观点也得到了一致的认同。无论是宪法，还是民商事法律，抑或是其他部门法，包括刑法在内，都将自由作为自己的价值追求。刑罚也是如此，刑罚的重要价值之一，就是对公民自由的确认与保护。表面看来，刑罚好像是限制和剥夺公民自由的，但是，正是通过对侵犯权利和自由的行为的否定之否定，刑罚确认了对自由的确认与保护。

① 参见邱兴隆：《关于惩罚的哲学：刑罚根据论》，法律出版社2000年版，第136—138页。

因此，自由作为刑罚价值之一，基本没有什么争议。

类似地，在法学与哲学史上，人们对正义的认识和论述也是源远流长，经历数千年的历程。时至今日，人们还很难给正义下一个准确的定义。在其著名的《理想国》中，柏拉图认为正义"是一种秩序的善"，亚里士多德则认为"正义是城邦的秩序"。而美国著名哲学家、新自然主义法学家约翰·罗尔斯（John Rowls）关于正义的论述广为人知，其分配正义的理念，为很多的人所认可和接受。罗尔斯眼中的正义原则，包括两个方面，一个是平等自由原则，另一个是差别原则与机会公正平等原则。①但是，不管人们对正义的理解拥有多少不同的侧面，将正义价值作为刑罚的重要价值之一，则是人们共同的追求。

但是，除了秩序、自由和正义这样的价值之外，刑罚的效益价值没有得到足够的重视。笔者认为，刑罚在追求秩序、自由和正义价值的时候，必然会产生收益，它包括社会秩序的稳定、对公民自由的有效保护及由此所带给公民的安全感，以及人们对公平正义的合理诉求的满足。但与此同时，刑罚体系的运行也必然会产生相应的社会成本，它包括一个国家和地区为制定、适用和执行刑罚所产生的成本，比如对立法资源、司法资源以及执行资源的投入，也包括被处罚的行为人所承担的各种成本。而收益和成本的差额，就是刑罚的效益。如果收益和成本的差额为负值，就说明刑罚的成本高于刑罚的收益，那么这样的刑罚显然是不合理的。

因此，追求刑罚的效益价值，是一个理性的国家和地区，在制定、适用和执行刑罚时所应追求的重要目标。而成本—收益分析理论，在进行刑罚效益分析的时候，具有天然的优势。

---

① 参见谢望原：《欧陆刑罚制度与刑罚价值原理》，中国检察出版社2004年版，第444—447页。

（五）优势之五：制度变迁理论对刑罚改革的启示

新制度经济学理论中，制度作为影响社会经济生活发展的重要变量，其重要性得到了足够的重视。一个合理的制度设计，对经济的发展至关重要。目前，制度的重要性已经得到了各个领域的普遍重视，在当前的我国，也是如此。从经济体制改革，到政治体制改革，制度的重要性日益凸显，也得到了越来越多的重视。尤其是在大力发展经济、改善民生、建设社会主义国家的大背景下，制度建设和制度改革的呼声此起彼伏，我国的发展与改革正经历一个重要的历史阶段。

新制度经济学理论认为，制度变迁要经历如下的发展历程，共包含了五个步骤：第一步，当某一制度难以适应现实的需要时，会有一个“初级行动团体”作为推动制度变迁的最初始力量；第二步，“初级行动团体”根据自身及现实的需要，提出制度变迁的若干初步方案；第三步，“初级行动团体”在若干初步方案中，运用成本—收益分析方法，经过比较选择，确定一种利润或效益最大化的方案；第四步，在“初级行动团体”努力的基础上，形成“次级行动团体”；第五步，在“初级行动团体”和“次级行动团体”的共同努力之下，通过并实施新的制度方案。[①] 制度变迁发生后，制度在一定时期内会保持均衡状态，而当制度均衡状态被打破以后，新一轮的制度变迁再次发生。因此，制度始终处于一种动态的均衡之中。

在刑法学领域，理论变迁与制度改革的呼声也不绝于耳。在学界引人注目的犯罪论体系之争中，充分印证了制度经济学的理论。由于路径依赖和改革成本的原因，呼吁改革现有四要件的犯罪构成体系而引进德日三阶层的犯罪论体系的学者虽然为数不少，且影响甚广，但是，由于路径依赖的原

① 参见冯玉军：《法律与经济推理——寻求中国问题的解决》，经济科学出版社2008年版，第214页。

因，原有的四要件犯罪构成体系仍具有非常顽强的生命力。而且，法学家群体仅仅是推进理论改革的“初级行动团体”，没有司法实务界及相关部门领导作为“次级行动团体”的支持，很难将改革推向深入并取得实效。

体现在刑罚方面，刑罚体系的改革也要考虑制度变迁的基本原理。改革现有的刑罚制度体系，并非一朝一夕之功，同样需要经历制度变迁的整个过程。因此，作为“初级行动团体”的研究人员与学者，只有将现有的刑罚制度之利弊得失详加考量之后，才能提出新的改革建议，并对新的制度设计方案进行成本—收益分析，充分阐释新方案的好处，才能争取“次级行动团体”的支持并形成合力，从而最终推动改革，实现新旧制度的交替。没有对新旧刑罚制度体系的比较分析，没有成本—收益的具体考量，很难真正有力地推进改革。

综上，虽然运用法律经济学（成本—收益分析）理论分析犯罪行为时，存在诸多的困难和挑战，但是在研究如何通过政策和制度设计减少和控制犯罪、并有效地降低成本增加收益等方面，成本—收益分析理论无疑具有很大的实用性和合理性。成本—收益分析理论可以充分吸收借鉴其他研究方法的优势，又能在很大程度上弥补其他分析方法之不足与缺陷，具有其他方法所难以替代的优势。

第三章

惩罚犯罪行为的经济分析

第一节 刑罚的本质

关于刑罚的本质，古今中外的刑罚理论都有关注，很多学者对此问题进行了深入的研究，形成了系统性的观点。但是，对于此问题的认识，理论界一直存在不同的看法，没有达成统一的结论。在相当长的时期内，不同的观点进行了激烈的争论和交锋，这种趋势仍在持续，并可能长期延续下去。

一、大陆法系国家对刑罚本质的认识

在历史上，大陆法系国家对刑罚本质的认识存在多种见解。主要包括报应刑论、预防刑论和折中刑论。报应刑论、预防刑论两种观点的分歧和对立在很大程度上非常尖锐，折中刑论则对上述两种观点进行了调和与折中，使这种对立在某种程度上得到了消解。

（一）报应刑论

报应刑论者认为，刑罚的本质是一种报应，对犯罪人实施刑罚，是因为他（她）实施了犯罪行为，刑罚作为对其犯罪行为的报应而施加于他（她）。报应刑论和刑罚具有同样悠久的历史，刑罚在产生之初，就深深打上了报应观念的烙印。可以说，报应刑论是关于刑罚本质的最为传统的理论，在西方刑法学说史上具有极为重要的地位，也产生了深远的影响。直到现在，报应刑论的思想还在很大程度上指导着很多国家的刑罚实践。

在不同的历史时期，报应刑论的内涵又有不同。根据理论的历史演进，报应刑论经历了神意报应论、道德报应论、法律报应论等几个阶段。[①]

神意报应论具有极为悠久的历史，在刑罚产生之初，神意报应的观念就如影随形。由于历史传统文化的影响，在刑罚产生的初期，刑罚权基于神意而产生，因此，刑罚作为一种神意报应的观念，就顺理成章地登上了历史的舞台，并在相当长的历史时期内，占据了统治性的地位。在人类文明的早期，如古埃及、古希伯来、古希腊文明中的神意报应观念都是根深蒂固、影响深远的。而在中世纪的欧洲，神意报应论更趋于完善和严格，形成了系统化的理论。[②]

神意报应论虽然因为各国的历史文化传统的差异而有不同的表述和解说，但是其基本的内核是异曲同工的。根据邱兴隆教授的总结，神意报应论有如下几个基本特点：第一，坚信神是世界的主人，主宰了世界万物；第二，君主或国家是神的代言人，是连接神与人的媒介；第三，法律就是神的意志，君主或国家制定法律惩罚犯罪是遵循神的指示而行事；第四，违背了法律就是违背了神的意志，应该受到神的意志即法律的惩罚，法律的惩罚就是神意的报应。[③]

现在来看，神意报应论的产生具有历史的必然性，是人类社会文明发展的必然结果，也是人类文明的进化所不可逾越的阶段。但是，其历史的局限性也显而易见，因此，随着人类文明的发展，这一理论也就退出了历史的舞台，逐步被新的理论所取代。

相对于神意报应论而言，道德报应论即是一种更为进化的理论。神意报应论将法律对犯罪的惩罚立足于虚无缥缈的神的意志，而道德报应论则将

---

① 参见高铭暄、赵秉志主编：《刑罚总论比较研究》，北京大学出版社2008年版，第44页。

② 参见邱兴隆：《关于惩罚的哲学：刑罚根据论》，法律出版社2000年版，第26—27页。

③ 参见邱兴隆：《关于惩罚的哲学：刑罚根据论》，法律出版社2000年版，第27页。

刑罚立足于人们所更容易感知的道德或道义。道德报应论的理论基础，是德国著名哲学家康德和其弟子黑格尔的法哲学思想。所不同的是，康德主张的报应刑论是一种绝对的报应刑论，而黑格尔则主张相对的报应刑论。①

康德的报应刑论被认为是一种绝对的报应刑论，它具有如下两个基本的特征：第一，有罪必罚，主张绝对的报应。这是基于哲学上的因果决定论的思想，认为犯罪行为是因，而对犯罪行为人施加的刑罚是果，②对人施加刑罚是由于其实施了犯罪行为，刑罚作为对其犯罪行为的报应而必然存在，很显然这是一种绝对的报应思想。第二，强调等害报应甚至认可同态复仇。也就是说，犯罪行为造成了什么样的危害和恶果，就将相同的危害和恶果施加于行为人作为刑罚，这和我国的成语“以眼还眼，以牙还牙”具有近似的逻辑，即将相同或相近的同等恶害报应到犯罪行为人的身上，显然这是一种等害的报应。③

除了康德，日本著名刑法学家小野清一郎是道德报应论的另一代表人物。小野清一郎是行为无价值论者，其认为犯罪行为不仅违反了法律，更是对伦理道德规范的违反。也就是说，没有伦理道德规范的违反，就不可能有法律规范的违反，法律规范的违反是以伦理道德规范的违反为基础的。在此基础上，刑罚是一种道义的、国家的报应。④另外，日本著名刑法学家佐伯千仞也认为刑罚的本质在于一种道义上的谴责和报应，持典型的关于刑罚本质的道德报应论的观点。另一著名刑法学家团藤重光从道义责任论的立场出发，也认为刑罚的本质必须是基于道义的谴责与报应，显然，其关于刑罚本

① 参见赵秉志主编：《外国刑法原理（大陆法系）》，中国人民大学出版社2000年版，第266页。

② 参见董淑君：《刑罚的要义》，中国标准出版社2005年版，第119页。

③ 参见赵秉志主编：《外国刑法原理（大陆法系）》，中国人民大学出版社2000年版，第266页。

④ 参见高铭暄、赵秉志主编：《刑罚总论比较研究》，北京大学出版社2008年版，第47页。

质的思想也是道德报应论的思想。①

至于法律报应论，相比道德报应论又有一定的进步性，也更契合现代刑法中罪刑法定主义的思想。但是，道德报应论到法律报应论的进化并不是一蹴而就的，而是经历了一段交叉发展的过程。比如黑格尔的等价报应论，既有道德报应的烙印，也具有法律报应的色彩。黑格尔继承了康德刑罚是一种报应的思想，并将这一思想进行了改进，他用"否定之否定"的辩证逻辑，论证了刑罚是对犯罪的报应，这种报应是基于法律的规定，是通过对犯罪人的惩罚印证了法律的有效性，使法律被破坏的状态得到恢复。这种报应不是等量的同态复仇，而是一种等价的报应。犯罪人是在意思自治的前提下实施的犯罪行为，否定了他人的权利，而刑罚就是在等价值的范围内，对犯罪人的报应。②

虽然说黑格尔的报应刑论承继了康德的部分思想，但是他的报应理论和道德报应论还是有所不同，其刑罚是基于维护法律有效性的角度的报应的思想，反对康德的等量报应和同态复仇，明显具有法律报应论的特征。其后的德国学者宾丁是法律报应论的又一代表人物，宾丁认为，刑罚的本质在于刑罚规范对犯罪的报应，刑罚的存在是维护法规范的一种手段，法律秩序的维护离不开刑罚法规。

法律报应论与神意报应论和道德报应论相比，显然具有历史的进步性。神意报应论将刑罚的本质和神的旨意联系起来，其蒙昧和麻痹公众的弊端是显而易见的，必将被历史的潮流所摒弃；道德报应论虽然比神意报应论有所进步，但是仍然将刑罚与伦理道德紧密联系起来，无疑增加了刑罚恣意泛滥

---

① 参见（日）中山研一：《刑法的基本思想》，姜伟、毕英达译，国际文化出版公司 1988 年版，第 89—90 页、第 110 页。

② 参见邱兴隆：《关于惩罚的哲学：刑罚根据论》，法律出版社 2000 年版，第 36 页。参见赵秉志主编：《外国刑法原理（大陆法系）》，中国人民大学出版社 2000 年版，第 267 页。

的风险，不利于对个人权利的保障，这无疑也是与罪刑法定主义的精神相违背的。法律报应论重视法律秩序的维护，认为刑罚的本质是法律对犯罪人的报应，它立足于法律的规定对犯罪人施加刑罚，与罪刑法定的现代刑法原则的精神相契合，无疑具有历史的进步性。因此，近现代以来持报应刑论的刑法学者，绝大多数都是法律报应论的支持者。

总而言之，不管是神意报应论、道德报应论还是法律报应论，在刑罚的本质是报应这一点上，三种理论无疑都具有相同的旨趣。

（二）预防刑论

和报应刑论不同，另一种关于刑罚本质的学说是预防刑论。该种理论认为，刑罚的本质不是报应，而是一种预防犯罪的手段。预防刑论是从刑罚目的方面来认识刑罚本质的，因此也被称为目的刑论，还被称为保护刑论或社会防卫论。[①] 报应刑论立足于已然之罪，认为刑罚是对业已发生的犯罪行为的报应，而预防刑论则立足于未然之罪，认为对犯罪行为施加的刑罚和报应无关，而是着眼于未来，为了保护个人和社会的利益不再受侵犯，预防新的犯罪。在预防刑论的内部，又可分为一般预防论和特殊预防论。

从时间上来说，一般预防论的产生远较报应刑论为晚，但又先于特殊预防论而出现。一般预防论的发展，也经历了重刑威吓论、古典功利论和多元遏制论等不同的历史形态。重刑威吓论具有相当长时期的历史，它以刑罚的威慑作用为核心，重视严刑峻法对一般人的威吓作用，立足于刑罚对犯罪的遏制作用的角度解读刑罚本质，具有历史的进步性。但是，其弊端也显而易见。首先，重刑威吓论由于重视重刑的威慑力，容易导致严刑峻法，加重刑罚的严酷性；其次，刑罚的威吓效果难以具体衡量，容易造成刑罚的恣意滥用；最后，重刑威吓论过于重视刑罚的威慑力而忽略了刑罚的负面作用，

---

① 参见马克昌：《论刑罚的本质》，载《法学评论》1995 年第 5 期，第 1—7 页。

使得用刑时只考虑刑罚的威吓效果而不计社会成本。因此，其被以立法威吓预防为核心理念的近代古典功利论所取代，就具有历史的必然性。古典功利论的代表人物是贝卡利亚、边沁和史蒂芬，三人共同的特征是重视刑罚一般预防的作用，并以对人的理性假定为前提，强调刑罚的效益。古典功利论制约了司法过程中刑罚的肆意滥用，有利于罪行法定原则的贯彻，但是很难从立法的源头上有效地限制刑罚的恣意性。因此，在重视刑罚的一般威慑的同时，强调刑罚的道德教化和法律教化的多元遏制论这种一般预防论的当代形态便应运而生了。[①]

一般预防论之外，还有与之几乎同时（稍晚）产生的特殊预防论这一预防刑论的分支。特殊预防论和一般预防论的不同，在于刑罚的预防对象是犯罪行为人还是犯罪行为人之外的一般人。显然，对于犯罪行为人来说，刑罚可以在很大程度上预防其再次犯罪；与此同时，刑罚对犯罪行为人之外的一般人的预防作用，同样不容抹杀。因此，特殊预防论虽然在一定的历史时期内曾经风靡一时，但是其在刑法学历史上的地位，远没有一般预防论那么显赫。特殊预防论内部又可分为改造论和剥夺犯罪能力论。[②]前者注重对犯罪行为人的矫治和改造，使其“康复”为遵纪守法的正常人；后者注重对犯罪行为人犯罪能力的剥夺，使其没有能力再危害社会。

可以说，一般预防论之核心思想，是将刑罚的本质定位于对犯罪行为人之外的一般人的威慑和教育作用，这和特殊预防论具有很大的不同。特殊预防论将刑罚的本质定位于对犯罪行为人的防卫和威慑作用，具有社会防卫的思想印记。

一般预防论和特殊预防论同为预防刑论的范畴，二者虽有不同，但是

---

① 参见邱兴隆：《关于惩罚的哲学：刑罚根据论》，法律出版社 2000 年版，第 79—90 页。

② 参见邱兴隆：《关于惩罚的哲学：刑罚根据论》，法律出版社 2000 年版，第 158—162 页。

其对刑罚本质并非报复的认识，具有高度的一致性。预防刑论和报应刑论具有本质的不同。一般来说，预防刑论者大都否定刑罚的报应本质。预防刑论的代表人物之一、世界著名的意大利刑法学家贝卡利亚就是报应刑论的彻底否定者。贝卡利亚在其不朽的名著《论犯罪与刑罚》中，就旗帜鲜明地表达了自己关于刑罚的观点："刑罚的目的仅仅在于，阻止罪犯再重新侵害公民，并规诫其他人不要再重蹈覆辙。"[①] 这一表述，是典型的预防刑论的观点，并且包含了一般预防和特殊预防的理念。很显然，双重预防刑论综合了一般预防和特殊预防的思想，具有相对更大的合理性。

贝卡利亚从刑罚的双重预防论出发，阐述了确定刑罚的几个原则，包括罪行相适应原则（刑罚和犯罪行为的均衡及类似）、及时性原则和不可避免性原则，从而论证了刑罚如何更为有效地预防犯罪。[②] 贝卡利亚的刑罚观，是一种典型的功利主义的预防刑论，并且双重预防的刑罚观，具有鲜明的特征。

（三）折中刑论

折中刑论又称并合论、一体论、相对报应刑论、折中主义或综合主义，即认为刑罚的本质不仅在于报应，也在于预防，也就是刑罚的本质兼有报应和预防的双重意蕴。折中刑论内部也有分歧，有的认为刑罚的本质立足于报应，同时是一种预防犯罪的手段；有的认为刑罚的本质立足于预防，同时也具有报应的一面；还有的主张"分配理论"。[③] 但是这种分歧与报应刑论和预防刑论之间的分歧相比，几乎可以忽略不计，因为折中刑论者都承认刑罚具有报应和预防的双重本质特征。

在刑法学界，关于刑罚本质问题持折中刑论观点的学者非常多，比如

---

① （意）贝卡利亚：《论犯罪与刑罚》，黄风译，中国法制出版社2005年第2版，第52页。

② 参见马克昌主编：《近代西方刑法学说史略》，中国检察出版社1996年版，第46—58页。

③ 参见高铭暄、赵秉志主编：《刑罚总论比较研究》，北京大学出版社2008年版，第63页。

德国学者考斯特林（Köstlin）就立足于刑罚的报应本质，并坚持刑罚预防的侧面，二者同时具备才有实施刑罚的必要。这显然是折中刑论的思想。另外，学者奥特兰（Ortolan）、学者芬格（Finger）均持折中刑论的观点。[①]

德国学者迈耶较为系统地论述了折中刑论的思想。迈耶作为晚期刑事古典学派的代表人物之一，提出了关于刑罚本质的著名的“分配理论”。其将刑罚分为制刑（刑的规定）、量刑（刑罚裁量）、行刑（刑罚执行）三个阶段，在制刑阶段对应的是报应，通过考察犯罪行为的轻重衡量报应的程度；在量刑阶段则对应一般预防，通过对犯罪行为人量定刑罚维护法律的尊严和社会秩序；在行刑阶段对应特殊预防，即通过行刑阶段对犯罪人进行教育改造，使其复归社会，达到特殊预防的效果。因此，刑罚的本质兼具报应、一般预防和特殊预防的多重特征。这显然是典型的折中刑论的立场。[②]

在日本刑法学界，持折中刑论观点者更是不乏其人。植松正教授认为刑罚的本质的核心是报应，但是改善和预防与报应并无冲突和矛盾，只有将二者结合起来，才能更好地把握刑罚的本质，进而更好地发挥刑罚的价值。其观点即刑罚的本质是报应和预防的统一。[③]另外，类似的是，如前所述，日本著名刑法学者团藤重光从道义责任论的立场出发，认为刑罚的本质是报应，但是同时，团藤重光也承认刑罚的一般预防与特殊预防。[④]正是在这个意义上，也有学者认为，团藤重光在刑罚观念上是相对的报应刑论，而在刑

---

① 参见高铭暄、赵秉志主编：《刑罚总论比较研究》，北京大学出版社 2008 年版，第 63 页。

② 参见赵秉志主编：《外国刑法原理（大陆法系）》，中国人民大学出版社 2000 年版，第 269 页。

③ 参见赵秉志主编：《外国刑法原理（大陆法系）》，中国人民大学出版社 2000 年版，第 269 页。

④ 参见（日）中山研一：《刑法的基本思想》，姜伟、毕英达译，国际文化出版公司 1988 年版，第 111 页。

罚本质问题上持折中刑论（综合说），因而将其归结为折中刑论的代表人物之一。另外，日本刑法学家泉二新熊、草野豹一郎、内藤谦、福田平等人都持折中刑论的观点。[①]

意大利著名刑法学家杜里奥·帕多瓦尼在分析了报应刑论、特殊预防论和一般预防论三种理论利弊的基础上，提出了应该动态地理解刑罚，从立法、司法、执法等不同层面全面把握刑罚的本质。其认为，立法层面的刑罚注重一般威慑和一般预防；司法层面的刑罚（即宣告刑）既有报应的侧面，又有一般预防与特殊预防的考量；而执法层面的刑罚（即刑罚的执行），则在考量报应要求和一般预防的基础上，着重于特殊预防的需要。因此，其关于刑罚本质的观点也是折中刑论。[②]

可以说，折中刑论在关于刑罚本质问题的认识上，兼顾到了报应和预防的双重特性，比单纯的报应刑论和预防刑论认识问题更加全面，因此也为更多的刑法学者尤其是后来的学者所支持，具有长久的生命力。

二、英美法系国家对刑罚本质的认识

英美法系国家对刑罚本质的认识，在很大程度上和大陆法系国家具有异曲同工之感。英美法系的刑法学家关于刑罚本质的认识同样有刑罚报应论（报应刑论）、刑罚功利论（预防刑论）、刑罚折中论（混合理论）等几种不同的理论。[③] 这和大陆法系刑法理论关于刑罚本质的认识具有高度的一致性，

① 参见高铭暄、赵秉志主编：《刑罚总论比较研究》，北京大学出版社2008年版，第64—65页。

② 参见高铭暄、赵秉志主编：《刑罚总论比较研究》，北京大学出版社2008年版，第66页。

③ 参见储槐植：《美国刑法》，北京大学出版社2012年第4版，第364—376页。
参见谢望原：《论英、美法学家关于刑罚本质的认识》，载《法学评论》1998年第2期（总第88期）。

没有本质的区别。和大陆法系国家中的刑法理论界一样，英美法系的理论界关于刑罚本质的争论同样激烈并持续久远。

（一）刑罚报应论

在任何一个国家和地区，关于刑罚本质的最朴素的理念就是报应理论。在公众的观念中，一个人因为侵害他人人身财产权利或做其他坏事恶事，因而需要接受惩罚是正义的要求，是正义对行为的惩罚和报应。这种观念在人类历史的长河中源远流长，具有根深蒂固的影响力。在英美国家也是一样，英美法学领域的专家学者，也多秉持刑罚的本质是报应的观点。

总体而言，虽然英美的哲学家有其自己独立的传统和见解，但是近代以来，英美法系刑罚理论中的报应主义思想还是深受康德法哲学的影响。基于哲学上因果决定论的立场，将刑罚看作犯罪行为的结果，是施加于行为人身上的报应。[①] 和大陆法系的刑罚理论一样，英美法系刑罚理论中的报应主义同样存在道德报应论和法律报应论的分支。

英国学者布兰德利（Bradley）是道德报应论的代表人物之一，他在康德的基础上进一步将道德报应论发扬光大。其认为，刑罚不仅作为犯罪的一种法律上的结果，也是犯罪的一种道义上的结果。犯罪行为不仅违反了法律，更是对道德的一种违反和破坏。因此，犯罪是道德罪过的法律化，法律不过是追究犯罪的道德罪过的手段，刑罚的本质是一种道义的报应。[②]

除了道德报应论之外，英美刑罚理论中也有法律报应论的观点。法律报应论认为，刑罚的本质在于犯罪行为违反了法律的规定，刑罚的适用是法律对行为人的报应。行为人违反刑罚法规的事实，决定了刑罚的发

---

① 参见谢望原：《论英、美法学家关于刑罚本质的认识》，载《法学评论》1998 年第 2 期（总第 88 期）。

② 参见高铭暄、赵秉志主编：《刑罚总论比较研究》，北京大学出版社 2008 年版，第 46 页。

动，而不是基于行为人的道德上的罪过而对其施加刑罚。美国学者马伯特（J.D.Mabbott）即是法律报应论的典型代表之一，他认为刑罚不是法律的必然结果，而是违法的必然结果，是行为人自己的违法行为将刑罚加诸自身。[①]法律报应论立足于法律规范的有效性，认为刑罚是为了保证法律规范的有效性、满足人们对社会秩序的合理期待而发动的，是法律对犯罪行为人的报应。显然，法律报应论强化了刑罚的客观色彩，比道义报应论更容易把握，也更有利于司法实践的操作。

除了道德报应论和法律报应论之外，英美刑罚理论中还有一个变异的分支，被称为刑罚复仇论或复仇理论。该理论认为，满足复仇的需要为刑罚提供了合理性的理由。[②]这种理论与道德报应论和法律报应论都有区别，其虽然也关注公众的报复情感，但更多地立足于被害人的复仇需求解读刑罚的本质。不过，从广义上说，该理论和道义报应论还是具有比较高度的一致性。

（二）刑罚功利论

功利主义思想在洛克、休谟等人的著作中都有提及和论述，但是毕竟系统地阐述功利主义哲学的代表人物有吉米·边沁、詹姆士·密尔以及其子约翰·斯图亚特·密尔等人。刑罚功利论的哲学基础正是功利主义哲学，其代表人物非吉米·边沁莫属。无论是在道德哲学的领域，还是在法学领域，吉米·边沁都具有很高的历史地位。[③]

边沁最著名的代表理论之一即“最大幸福原理”，其核心思想即为追求最大多数人的最大幸福。从这样的理念出发，其法哲学思想也打上了深深的

---

① 参见谢望原：《论英、美法学家关于刑罚本质的认识》，载《法学评论》1998年第2期（总第88期）。

② 参见谢望原：《论英、美法学家关于刑罚本质的认识》，载《法学评论》1998年第2期（总第88期）。

③ 参见谢望原：《论英、美法学家关于刑罚本质的认识》，载《法学评论》1998年第2期（总第88期）。

功利主义的烙印，体现在刑罚理论上，就是对于刑罚本质的认识是从刑罚的效益出发，而不仅仅是追求刑罚的效果。边沁认为，刑罚的本质是一种恶，但是刑罚作为一种恶而存在是为了更好地追求“善”的目标，即达到一般预防和特殊预防的目标从而保障社会秩序的稳定，为最大多数人创造幸福。申而言之，刑罚的效益需要考虑刑罚的投入（成本）和产出（收益），而刑罚的效果仅仅是刑罚所达到的客观结果，基本不考虑刑罚的社会成本。①

边沁和另一位功利主义的代表人物贝卡利亚一样，反对刑罚的滥用和严酷，只是贝卡利亚从人道主义的角度反对酷刑，而边沁则将刑罚看作一种必要的恶，并认为刑罚并非预防犯罪的主要手段，是否适用刑罚要根据利益权衡计算，并以最低的刑罚代价来预防犯罪，从而将刑罚彻底功利化。②

边沁和贝卡利亚都认为刑罚必须有所节制，而不是为了追求刑罚的效果而不顾社会成本从而崇尚严刑峻法。刑罚的适用，需要考虑到遏制犯罪的需要即一般预防和特殊预防的效果，同时须考虑刑罚的“度”，即用最小的代价换来最大的效果，从而使刑罚的效益最大化。这种功利主义的思想，已经和现代法律经济学的思想具有高度的一致性。

另外，关于刑罚本质的理论中，普遍威慑（一般预防）、个别威慑（特殊预防）、规范强化、丧失能力（剥夺犯罪能力或称犯罪遏制）、教养改造（重塑犯罪人）、满足复仇的愿望等理念，均被认为具有功利主义的色彩和烙印。③

虽然边沁的精确计算的观点受到不少学者的质疑，但是其将刑罚本身

---

① 参见邱兴隆：《关于惩罚的哲学：刑罚根据论》，法律出版社 2000 年版，第 80—84 页。参见谢望原：《论英、美法学家关于刑罚本质的认识》，载《法学评论》1998 年第 2 期（总第 88 期）。

② 参见陈兴良：《刑法的启蒙》，法律出版社 1998 年版，第 87—94 页。

③ 参见储槐植：《美国刑法》，北京大学出版社 2012 年第 4 版，第 368—373 页。

看成一种必要的恶、并认为刑罚不是预防犯罪的唯一手段甚至不是主要手段的观点，对当代的学者和政府实务部门来说，同样具有极为重要的启迪价值。

（三）刑罚折中论

和在大陆法系刑法理论界的情形类似，在英美法系的刑法理论界也存在刑罚报应论和刑罚功利论之间尖锐的对立，两种观点在长期的理论历史长河中激烈碰撞交锋，指出了对方的弱点也暴露了自己的不足。

在刑罚报应论者看来，刑罚功利论着眼于未来，是向前看的理论，是为了实现一般预防和特殊预防的目的而处罚犯罪人，这样就可能存在处罚畸轻畸重等罚不当罪的情形，从而导致将人作为实现目的的工具这样不合现代文明正义理念的荒谬情形出现；而在刑罚功利论者看来，刑罚报应论以因果决定论为哲学基础，这样对犯罪人的处罚反而失去了其合理性，因为从广义上看犯罪人也是受害者，其犯罪行为越严重，则其本身也受害越严重。因此，在说明处罚犯罪人合理性的时候不得不引入意志自由论，来作为说明行为人道义责任或法律责任的基础。并且，刑罚报应论着眼于过去，是一种“向后看”的理论，可能仅仅为了报复的情感而伤及无辜，同时也可能因为过于重视行为人的主观恶性而使得量刑的标准过于主观且难以把握。①

正是在这样两种理论互相批判，并在批判对方的同时不断完善自身理论的过程中，刑罚折中论的观点应运而生。美国著名的法学教授哈特（H.L.A.Hart）就是刑罚折中论的代表人物之一。哈特教授在系统研究了刑罚报应论和刑罚功利论之后，提出了刑罚报应与功利二元论即刑罚折中论的观点，其思想的核心在于，刑罚的本质不能仅从报应和功利的角度加以认

---

① 参见谢望原：《论英、美法学家关于刑罚本质的认识》，载《法学评论》1998 年第 2 期（总第 88 期）。储槐植：《美国刑法》，北京大学出版社 2012 年第 4 版，第 366—367 页、373 页。

识，而是要兼顾报应和功利的不同侧面，刑罚不仅是报应，而且还要考虑教育改造犯罪人，并预防犯罪维护社会秩序等多种因素。只有从报应和功利二元的角度，才能全面地把握刑罚的本质。①

另外，学者帕克（Packer）也持刑罚折中论的观点，其观点的立论基础，在于分析论证了刑罚报应论和刑罚功利论的缺点和不足之后，综合了二者的合理性和长处。帕克认为，刑罚报应论的优点在于，其将刑罚与责任有机地联系起来，使得刑罚的程度和责任的大小产生关联，使得刑罚的确定有了坚实的理论基础；而其缺点在于，过于重视刑罚的惩罚性和报应性，而忽视了刑罚其他积极性的侧面。刑罚功利论的优点在于，重视刑罚预防犯罪的积极作用，从积极的侧面论证刑罚的本质；其缺陷在于，割裂了刑罚和责任之间的关联，使得刑罚的不确定性增加，并且使得刑罚过于功利化。因此，帕克认为，只有从报应和预防的不同侧面，结合二者的长处，避其短处，才能全面地认识刑罚的本质和根据。②

刑罚折中论兼顾了报应和功利的双重侧面，从报应的角度决定刑罚的基本面，也就是将刑罚的轻重和犯罪人应得的报应联系起来考虑，同时考虑到刑罚的功利目的，从而对刑罚的量进行适度的调整。在现代文明的社会中，公众普遍接受的观点是，功利主义的刑罚思想必须受到公平公正和人道主义的制约，有些行为虽然从功利的角度是可取的（比如刑讯），但是却是不能接受。这种以报应为基础、兼顾功利目的的刑罚折中论，在美国为多数人所接受。③

---

① 参见谢望原：《论英、美法学家关于刑罚本质的认识》，载《法学评论》1998 年第 2 期（总第 88 期）。

② 参见邱兴隆：《关于惩罚的哲学：刑罚根据论》，法律出版社 2000 年版，第 269—271 页。

③ 参见储槐植：《美国刑法》，北京大学出版社 2012 年第 4 版，第 376 页。

三、我国刑法理论对刑罚本质的研究

我国作为一个具有悠久历史的文明古国，在刑罚的发展变化方面也经历了漫长的历史过程。

在遥远的三皇五帝时代，对违反风俗习惯的行为，就用扑抶和放逐进行处置。扑抶即用竹制的击打器具敲击、击打违反风俗者的身体，使其本人感到羞耻从而遵守习俗的规范；同时也教育他人，使他人引以为戒、谨遵习俗。放逐也具有类似的功用。因此，原始社会扑抶和放逐的意义和作用在观念上是作为教育的手段而不是惩罚存在的。①

但是，原始社会的血亲复仇，无疑和之后刑罚的产生具有极为密切的关系。在原始社会国家没有产生之时，各氏族、部落之间以血缘关系紧密联系在一起，因为个体力量有限的原因，个体被侵害以后死亡或无力自卫并复仇时，和其血缘关系比较近的人就会挺身而出，保护氏族、部落内的成员，报复和惩罚加害者，并及于加害者所在氏族、部落的其他成员。随着社会的不断发展，血亲复仇也逐渐演变，复仇的主体主要是被侵害者的家庭成员，复仇的对象也只及于加害者本人，血亲复仇随之变为私人复仇。

随着社会的进一步发展，社会成员之间出现了分化，经济力量对比出现了差距，阶级也随之产生，剥削阶级和被剥削阶级产生了对立。最早的剥削阶级就是奴隶主阶级，被剥削阶级是奴隶阶级。社会进入奴隶时代以后，奴隶主为统治和镇压奴隶，在原来血亲复仇的基础上，制定了严酷的刑罚，奴隶制五刑——墨、劓、剕、宫、大辟肉刑也登上了历史的舞台并存在于很长一段历史时期，其残酷性和严厉性不言而喻。因此，我国学者将奴隶制时

① 参见蔡枢衡：《中国刑法史》，广西人民出版社1983年版，第55—56页。

期的刑罚时代称为刑罚发展的“蒙昧时代”。

公元前476年是我国春秋时期的开始，奴隶制时代成为过去，封建社会开始确立并不断发展。在刑罚方面，奴隶制的很多刑罚得到继承和发展，并在历史的进步中不断进化，封建制刑罚体系逐渐取代了原来的残酷的、非人道的奴隶制刑罚体系。虽然封建制刑罚体系也有其历史的局限性，但相比奴隶制刑罚，已经具有巨大的历史进步性。尤其是汉代文景时期的废除肉刑，无疑具有里程碑式的进步意义。至隋唐时期，刑罚体系更趋宽缓和完善，形成了笞刑、杖刑、徒刑、流刑、死刑等阶梯分布的刑罚体系，对后世的发展产生了深远的历史影响。封建制刑罚也由“蜕变时代”逐步发展进入了“成熟时代”。

1840年鸦片战争以后，我国逐渐沦为半殖民地半封建社会，刑罚制度也不断演变，封建制刑罚体系逐步衰落，并在清末法律改革的浪潮中被引进的西方刑罚制度所取代。虽然沈家本主持修订的《大清新刑律》并未及施行，但是在刑罚的改革方面，清末修律无疑具有巨大的历史意义，它标志着封建制刑罚体系的衰落并于随后退出了历史的舞台。①

现当代以来我国刑法学界对刑罚本质的研究，离不开我国刑罚制度漫长的发展历程和我国源远流长的历史文化传统。从上述我国刑罚制度的演进轨迹中不难发现，在漫长的历史征程中，刑罚扮演了阶级压迫和阶级统治的重要工具和武器。因此，我国刑法理论研究中，在解读刑罚本质时无不将惩罚和报应作为刑罚最重要的本质属性之一。

我国刑法理论对刑罚本质的探讨已经进行得比较深入，但是相对于目前我国刑法理论界对犯罪论的关注来说，对刑罚论的研究还比较薄弱，也没

---

① 参见高铭暄主编：《刑法学原理（第3卷）》，中国人民大学出版社1993年版，第5—13页。

有像针对犯罪论体系那样形成引人注目的派别之争。这在很大程度上是因为我国刑法理论界对刑罚本质的研究还不够深入，对问题的探讨投入的精力还远远不够。

在我国大陆刑法理论界，关于刑罚本质的问题也有多种观点。第一种观点认为，刑罚是国家强制力保障实施的对犯罪人相关权利的限制和（或）剥夺，对犯罪人而言会造成痛苦，因此，刑罚的本质是惩罚，这也是刑罚的题中应有之义。也有的将刑罚的本质表述为惩罚性和痛苦性。①

第二种观点认为，刑罚的本质在于其惩罚性和教育性。该种观点认为，惩罚性只是刑罚的本质属性之一，教育性也是刑罚的本质属性，刑罚的本质是惩罚和教育的辩证统一。虽然在相当长的历史时期，刑罚的惩罚性居于核心地位，但是随着文明的发展和进化，刑罚教育性的一面被广泛发掘和认可，具有了和惩罚性相提并论的地位，二者共同构成了刑罚的本质属性。②

第三种观点认为，刑罚的本质在于教育和预防，包括一般预防和特殊预防。因为刑法的目的是保护法益，而刑罚是施加于已经实施了犯罪行为的犯罪人的，对犯罪行为已经侵害的法益，刑罚已经不具有保护的意义。因此，报应刑论和刑法目的不具有关联性，认识刑罚的本质只能着眼于未来，刑罚通过对犯罪行为人的处罚，教育犯罪行为人和社会公众，预防未来可能发生的犯罪行为，起到特殊预防和一般预防的效果。③

第四种观点则将刑罚的本质分成了三个层次，刑罚第一个层次的本质

---

① 参见马克昌主编：《刑法学》，高等教育出版社2003年版，第218页；高铭暄、马克昌主编：《刑法学》，北京大学出版社2000年版，第225页。

参见马克昌：《论刑罚的本质》，载《法学评论》1995年第5期，第7页。

② 参见高铭暄主编：《刑法学原理（第3卷）》，中国人民大学出版社1993年版，第27—30页。

参见陈兴良：《刑法适用总论（下）》，中国人民大学出版社2006年版，第22—25页。

③ 参见张明楷：《刑法目的论纲》，载《环球法律评论》2008年第1期。

是其政治本质，即刑罚的阶级性；第二个层次是刑罚的法律本质，即惩罚的严厉性；除此之外，刑罚还有第三个层次的本质是其教育性。①

我国台湾地区的刑法理论界对刑罚本质问题也多有关注，并且形成了比较系统的观点。总体来说，我国台湾地区关于刑罚本质的比较有影响力的观点主要有目的刑（预防刑、教育刑）论和综合（折中）刑论。目的刑（预防刑、教育刑）论者认为报应刑论的思想已经渐渐为现代刑法思想所摒弃，刑罚的本质在于教育和预防。综合（折中）刑论者则在肯定目的刑（预防刑、教育刑）论的同时，认为不能否定刑罚的报应本质，即认识刑罚的本质应兼顾报应和预防，不能偏于其一。

我国香港地区刑法理论关于刑罚本质问题，主要存在报应说、预防和威慑手段说、剥夺犯罪能力手段说、改造或改过自新手段说等几种观点。我国澳门地区的刑法学者对刑罚本质的认识，主要存在保护法益手段说、改善手段说等观点。②

纵观我国大陆和台、港、澳地区的刑法理论，关于刑罚本质的观点主要还是报应刑论、目的刑（预防刑、教育刑）论、综合（折中）刑论等几种观点。从前述我国刑罚的发展历史来看，刑罚的惩罚性和报应性是显而易见的，在讨论刑罚本质的时候，忽视刑罚的报应和惩罚特性，无疑有舍本逐末的嫌疑。因此，目的刑（预防刑、教育刑）论忽视刑罚的报应本质的观点有失偏颇。至于报应刑论和折中刑论二者相比哪种理论更能说明刑罚的本质，则是见仁见智的问题。

笔者认为，要正确认识刑罚的本质，需要首先明确“本质”一词的含义。根据马克思主义哲学的基本原理，本质是指“事物的内部联系，它由

---

① 参见何秉松主编：《刑法教科书》，中国法制出版社 2000 年版，第 524—526 页。

② 参见高铭暄、赵秉志编：《刑罚总论比较研究》，北京大学出版社 2008 年版，第 71—75 页。

事物的内部矛盾构成，是事物的比较深刻的一贯的和比较稳定的方面……本质从整体上规定事物的性能和发展方向。”[①]因此，事物的本质与事物的功能、目的显然是不同的概念。但是，在国内外的刑罚理论研究中，对刑罚的本质、刑罚的目的以及刑罚的正当化根据，常常不加区分，因此在阐述刑罚的本质、刑罚的目的、刑罚的正当化根据时，都有报应刑论、目的刑（教育刑、预防刑）论、折中（综合）刑论等不同的理论。但是，关于刑罚的本质、功能、目的、正当化根据等问题，显然是不同层次和不同范畴的问题。刑罚的本质是说明刑罚的内在本质特征，刑罚的功能是说刑罚在社会生活中所能发挥的作用，刑罚的目的是说在刑罚的制定、裁量和执行的过程中所欲追求的目标和达到的效果，刑罚的正当化根据则是说刑罚为什么可以正当地存在并得以发挥作用。因此，在讨论刑罚本质的时候，一定不能将其与刑罚的目的、刑罚的正当化根据混为一谈。

德国著名的刑法学家M.E.迈耶（Max Erst Mayer）、日本著名的刑法学家泷川幸辰和木村龟二等人都主张将刑罚的本质与刑罚的目的、刑罚的正当化根据加以区分。迈耶提出了著名的“分配理论”，在刑罚的制定、刑罚的裁量和刑罚的执行阶段，分别考虑不同的刑罚目的作为各阶段的指导思想。而刑罚的本质则是关于“刑罚是什么”的问题，应该根据报应刑论的理念来把握刑罚的本质，即刑罚的本质是报应，而不是预防和教育，因为预防和教育只是刑罚的目的，而非本质。泷川幸辰和木村龟二也主张将刑罚的本质和刑罚的目的区分开来，否则不仅不能准确把握刑罚的本质，反而会混淆刑罚的当为问题和刑罚的事实问题、存在问题，造成理论

① 《辞海》缩印本，上海辞书出版社1980年版，第1247页。转引自马克昌：《论刑罚的本质》，载《法学评论》1995年第5期，第6—7页。

上的混乱和无谓的纷争。[①]

我国刑法理论中对刑罚的概念都有类似的表述，即刑罚是刑法规定的、由国家审判机关依法对犯罪人适用的剥夺或限制其某种权益的强制性制裁方法。[②] 由此可见，刑罚具有强制性和惩罚性的特征，如果没有国家强制力做后盾，刑罚的制定、裁量和执行就难以进行；如果没有了惩罚性，刑罚就失去了作为制裁犯罪人手段的意义。并且我国自古以来就有“杀人偿命、欠债还钱”“善有善报、恶有恶报”等朴素的正义理念，因此刑罚作为对犯罪人的报应的观念，更容易为国人所接受。从这个意义上来说，报应刑论更能揭示刑罚的本质。不管是道义报应论还是法律报应论，都是报应刑论的分支理论，二者在解读刑罚本质的时候，都是基于刑罚是对犯罪人的报应这样的视角。在现代文明的法治社会，罪刑法定主义已经成为现代刑法的基本原则和基石，因此，法律报应论更能合理说明刑罚的本质。

---

① 参见高铭暄、赵秉志编：《刑罚总论比较研究》，北京大学出版社2008年版，第79—81页。

② 参见高铭暄、马克昌主编：《刑法学》，北京大学出版社2000年版，第225页；马克昌主编：《刑法学》，高等教育出版社2003年版，第218页。

第二节 刑罚的功能[①]

一、国外刑法理论关于刑罚功能的论述

国外刑法理论对刑罚功能的论述资料很多，在国外的传统刑法理论中，对刑罚功能的论述主要包括报应主义的刑罚功能论和功利主义的刑罚功能论。

报应主义的刑罚功能论和关于刑罚本质的报应刑论具有天然的亲近性。从原始社会的血族复仇，到缩小了复仇主体和复仇对象的血亲复仇，再到原始社会后期和奴隶社会的“以眼还眼、以牙还牙”的同态复仇，逐渐地限定了惩罚的对象和惩罚的内容及强度，在历史的发展中不断进步。其共同的特点就是体现了人类社会追求朴素的正义观念、为被侵害的个体讨回公道、对施加恶害行为的人进行报应的本能诉求。[②]

至中世纪，刑罚理论建立在神意报应的基础上，宗教赎罪的理念占据了统治的地位，宗教观念中人具有“原罪”，而残酷的刑罚正是和人的“原罪”相适应的。这是宗教报应和神意报应的思想，是刑罚报应论的一个变种和分支。随着启蒙运动的兴起，启蒙思想家们对神意报应的思想进行了激烈

---

① 对于刑罚的功能，也有学者用刑罚的机能来表述，但是二者的含义基本是相同的，我国大陆学者多用“刑罚的功能”，而我国台湾地区和日本的学者多用“刑罚的机能”。参见谢望原：《欧陆刑罚制度与刑罚价值原理》，中国检察出版社2004年版，第286页。

② 参见高铭暄、赵秉志编：《刑罚总论比较研究》，北京大学出版社2008年版，第110—111页。

的抨击和批判。但是，此时的刑罚理念仍然是报应主义，只是报应的基础为理性主义和自由主义的哲学思想，其代表人物就是康德的等量报应功能理论和黑格尔的等价报应功能理论。①

功利主义的刑罚功能理论则出现的远远晚于报应主义的刑罚功能理论。功利主义的思想也具有悠久的历史，它发端于古希腊、罗马时期的享乐主义或快乐主义思想，代表人物主要有阿里斯底波、伊壁鸠鲁等人，又有之后的培根、霍布斯等人进一步发扬光大，但是直到边沁将功利主义思想系统地应用于立法学和刑罚学领域，功利主义原则才作为刑罚功能的理论基础，登上了历史的舞台。②

和功利主义思想的追随者在刑罚本质方面反对报应刑论而坚持预防刑（教育刑、目的刑）论一样，功利主义的刑罚功能理论否认刑罚的报应功能，而是从刑罚的特殊预防和一般预防的角度，认为刑罚的功能主要有特殊预防和一般预防的功能。细而言之，特殊预防功能包括剥夺（隔离）功能和改造（矫正）功能，一般预防功能包括一般威慑功能和教育功能，另外还有对被害人的安抚功能。③

很显然，传统的报应主义的刑罚功能论和功利主义的刑罚功能论将刑罚的报应功能和功利主义的功能对立起来，二者同样具有以偏概全的弊端。因此，随着社会经济、政治、文化生活的不断发展变化和演进，关于刑罚的功能的理论也不断地进化，折中（综合）的刑罚功能理论也开始出现。也就

---

① 参见阴剑锋：《刑罚功能比较研究》，载于志刚主编：《刑法问题与争鸣》2002 年第五辑，第 268—285 页；高铭暄、赵秉志编：《刑罚总论比较研究》，北京大学出版社 2008 年版，第 111 页。

② 参见高铭暄、赵秉志编：《刑罚总论比较研究》，北京大学出版社 2008 年版，第 112 页。

③ 参见谢望原：《欧陆刑罚制度与刑罚价值原理》，中国检察出版社 2004 年版，第 286—287 页。参见高铭暄、赵秉志编：《刑罚总论比较研究》，北京大学出版社 2008 年版，第 112—114 页。

是说，在关于刑罚的功能方面，有学者将刑罚的报应功能和特殊预防、一般预防等功利主义的功能融合起来，提出了新的见解。其中的代表人物包括日本的刑法学者牧野英一、大谷实、西原春夫，法国著名刑法学家卡斯东·斯特法尼，意大利著名刑法学家杜里奥·帕多瓦尼等人。

日本刑法学家牧野英一对刑罚功能的阐述从三个方面来进行，即从刑罚对犯罪人的功能、刑罚对社会普通公众的功能、刑罚对被害人的功能三方面分别论述刑罚的功能。首先，对犯罪人来说，刑罚具有特殊预防的功能，具体包括隔离（剥夺）功能和矫正（改造）功能，即刑罚一方面在很大程度上剥夺了犯罪人再犯的可能性，另一方面对犯罪人具有教育改造的功能，有利于犯罪人复归社会。其次，对普通公众来说，刑罚具有报应的功能和一般预防的功能。刑罚一方面能够满足社会公众对犯罪行为人的报应心理，另一方面对普通公众也具有威慑和教育作用，使一般公众能够遵纪守法以免受刑罚处罚之苦。最后，刑罚对被害人具有补偿和抚慰功能。对于受到犯罪行为侵害的被害人来说，其法益受到侵害，很多时候、很大程度上已经难以复原，对犯罪人施加刑罚能够满足被害人追求朴素正义的报复心理，对被害人也是一个很大的心理安慰。①

日本学者大谷实教授也是从三个方面论述刑罚的功能，其认为刑罚具有报应的功能、一般预防的功能和特殊预防的功能。具体而言，大谷实教授认为，刑罚的第一个功能就是报应的功能，刑罚既满足了一般社会公众对犯罪人的愤慨和谴责的报应需求，也满足了被害人被伤害后所具有的报复本能，平复了被害人的心理创伤。刑罚的第二个功能就是一般预防的功能，通过立法宣告刑罚，威慑潜在的犯罪人使其控制自己的行为以免触犯刑罚法

① 参见阴剑锋：《刑罚功能比较研究》，载于志刚主编：《刑法问题与争鸣》2002 年第五辑，第 273 页。

规，同时通过对已经实施了犯罪行为的犯罪人量定和执行刑罚，威慑和教育一般人遵纪守法。刑罚的第三个功能就是特殊预防，即刑罚对犯罪人而言，一方面能够唤醒犯罪人的规范意识，另一方面能够通过隔离犯罪人使其暂时或永久降低（或丧失）再犯的可能性，同时，也能够通过刑罚的执行教育改造犯罪人使其改过自新。日本学者吉川经夫也采类似的观点，认为刑罚具有上述三个方面的功能。①

日本著名刑法学教授西原春夫先生则从四个方面阐述刑罚的功能（机能），即报复感情缓靖（平息）功能（机能）、保安的功能（机能）、赎罪的功能（机能）和预防的功能（机能）。报复感情缓靖（平息）功能（机能），是指刑罚能够满足被害人和被害人的亲属对犯罪人的报复情感，也能够满足其他社会公众追求社会公正的报应诉求。保安的功能（机能），是指刑罚执行的过程中，能够将犯罪人和社会隔离，大大降低了犯罪人再次实施犯罪的可能性，从而能够保障社会秩序的安全。赎罪的功能（机能），是指犯罪人在受刑的过程中，通过承受刑罚的痛苦而洗刷自己的罪恶，也是犯罪人通过接受刑罚、认真悔过自新的自我救赎。预防的功能（机能），包括一般预防和特殊预防，一般预防是通过刑罚的教育和威慑，对一般社会公众的预防作用，特殊预防则是通过刑罚的裁量和执行，唤醒犯罪人的良知和规范意识，使其知罪悔罪，重新做人，之后不再实施犯罪行为。②

法国著名刑法学家卡斯东·斯特法尼认为，刑罚的功能主要包含三个方面的内容，即刑罚具有报应功能、威慑（预防）功能和社会再适应（改

---

① 参见马克昌主编:《刑罚通论》，武汉大学出版社 1999 年第 2 版，第 43—44 页。
参见高铭暄、赵秉志编:《刑罚总论比较研究》，北京大学出版社 2008 年版，第 114—115 页。
② 参见阴剑锋:《刑罚功能比较研究》，载于志刚主编:《刑法问题与争鸣》2002 年第五辑，第 274—275 页；马克昌主编:《刑罚通论》，武汉大学出版社 1999 年第 2 版，第 44 页。
参见谢望原:《欧陆刑罚制度与刑罚价值原理》，中国检察出版社 2004 年版，第 286 页。

造）功能。卡斯东·斯特法尼认为，刑罚的报应功能是刑罚与生俱来的功能之一，它和犯罪行为人的主观罪过相联系，是对犯罪行为的惩罚与制裁，是正义的必然要求。另外，刑罚的威慑功能主要体现在立法制定了严格的刑罚，使得人们因为惧怕受到刑罚处罚而不敢实施犯罪行为，达到预防犯罪的目的。同时，其认为刑罚的报应功能和刑罚的社会再适应（改造）功能并行不悖，前者不会削弱后一功能的发挥，刑罚的社会再适应（改造）功能受到了新社会防卫说的支持与反对者的一致认可。①

意大利著名刑法学家杜里奥·帕多瓦尼是从动态的观点来阐述刑罚功能的。他认为，认识和把握刑罚的功能，不能仅从静态的观点，还要注意到在刑罚实践的不同阶段，刑罚的功能及其侧重点也有所不同，因此应动态地理解刑罚的功能。杜里奥·帕多瓦尼将刑罚实践分成法定刑（立法）阶段、宣告刑（司法）阶段、执行刑（刑罚执行或服刑）阶段，不同的阶段刑罚的功能也有所差异。在法定刑（立法）阶段，刑罚的功能主要是威慑和一般预防，通过针对不同的犯罪行为制定相应的刑罚，威慑一般人遵纪守法，从而实现一般预防的功能。在宣告刑（司法）阶段，具体决定对犯罪人施加的刑罚的时候，主要考虑报应以及特殊预防的需要，根据犯罪人的责任和各种情状决定对其的报应程度，同时通过这一过程发挥一般威慑的作用。也就是说，在宣告刑（司法）阶段，刑罚具有报应、特殊预防和一般预防等多重功能。在执行刑（刑罚执行或服刑）阶段，则注重使用最恰当、最适度的方式教育改造犯罪人，使其复归社会。也就是说，在此阶段刑罚最主要的功能是特殊预防，同时也具有一般预防的功能。而且，杜里奥·帕多瓦尼特别重视

---

① 参见高铭暄、赵秉志编：《刑罚总论比较研究》，北京大学出版社2008年版，第115页。参见阴剑锋：《刑罚功能比较研究》，载于志刚主编：《刑法问题与争鸣》2002年第五辑，第273—274页。

刑罚的一般预防功能。[①]

由此可见，国外刑法理论中对刑罚功能的研究，也经历了从报应主义的刑罚功能论、功利主义的刑罚功能论到综合主义的刑罚功能论的变化。这一发展变化，和关于刑罚本质的认识的发展历程非常近似，具有历史的合理性和进步性。

二、我国刑法理论对刑罚功能的认识

我国刑法理论界对刑罚功能的认识也已经比较深入，众多的刑法学家都对刑罚功能问题有所关注。但是，关于刑罚功能的概念，我国刑法理论界存在多种观点，第一种观点认为，刑罚的功能是指国家确立、适用和执行刑罚对人们可能产生的积极作用；第二种观点认为，刑罚的功能是指国家制定、适用和执行刑罚所直接产生的社会效应；第三种观点认为，刑罚的功能是指国家创制和执行刑罚所产生的社会效应；第四种观点认为，刑罚的功能是指国家运用刑罚与犯罪作斗争所可能产生的积极的社会作用。[②]

我国刑法理论界的主流观点认为，刑罚的功能，是指国家立法创制、司法适用与具体执行刑罚所可能产生的积极的社会作用。[③]因此，刑罚功能的发挥，是一个动态的过程，只有在国家机关动态的刑事司法活动过程中，

---

① 参见谢望原：《欧陆刑罚制度与刑罚价值原理》，中国检察出版社2004年版，第289—293页。
参见阴剑锋：《刑罚功能比较研究》，载于志刚主编：《刑法问题与争鸣》2002年第五辑，第275页。

② 参见阴剑锋：《刑罚功能比较研究》，载于志刚主编：《刑法问题与争鸣》2002年第五辑，第275—276页。

③ 参见高铭暄主编：《刑法学原理（第3卷）》，中国人民大学出版社1993年版，第32页。
参见高铭暄、马克昌主编：《刑法学》，北京大学出版社2000年版，第228页。

我们才能对刑罚的功能予以全面地把握。并且，在国家机关刑事司法的过程中，除了刑事犯罪案件的被告人（犯罪嫌疑人）和被害人等当事人之外，社会普通公众也对案件不同程度地有所参与，刑罚的制定、裁量和执行的整个过程，都会对普通公众产生影响，这是刑罚功能发挥的重要环节。

我国刑法理论界在论述刑罚功能的时候，存在不同的表述方式，有学者总结为“总论法”和“分论法”。所谓“总论法”，即不对刑罚功能进行分类，而是直接论述刑罚的具体功能；所谓“分论法”，则是将刑罚功能进行分类，之后再在各个类别里具体阐述刑罚的功能。① “总论法”比较有代表性的观点将刑罚的功能总结为八大功能：剥夺功能、改造功能、感化功能、威慑功能、鉴别功能、补偿功能、安抚功能和鼓励功能。② 另有一种八功能说将刑罚功能分为惩罚功能、改造功能、感化功能、教育功能、威慑功能、安抚功能、鼓励功能和保障功能。③ 还有学者将刑罚的功能总结为否定功能、改造功能、威慑功能、教育功能、鼓励功能和抚慰功能六种功能。④ 也有学者采“分论法”，从刑罚对犯罪人的功能、对被害人的功能、对社会的功能等几个角度，分别论述了刑罚的功能。具体而言，刑罚对犯罪人的功能包括惩罚功能、剥夺功能、教育改造功能；刑罚对被害人的功能主要是安抚功能；刑罚对社会的功能包括威慑功能和教育鼓励功能。⑤ 另有一种“分论法”则将刑罚的功能分为特殊预防功能和一般预防功能，再对特殊预防和一般预

---

① 参见谢望原：《欧陆刑罚制度与刑罚价值原理》，中国检察出版社 2004 年版，第 286 页。

② 参见高铭暄主编：《刑法学原理（第 3 卷）》，中国人民大学出版社 1993 年版，第 33—44 页。

参见陈兴良：《刑法适用总论（下卷）》，法律出版社 1999 年版，第 27—37 页。

③ 参见阴剑锋：《刑罚功能比较研究》，载于志刚主编：《刑法问题与争鸣》2002 年第五辑，第 275—277 页。

④ 参见谢望原：《欧陆刑罚制度与刑罚价值原理》，中国检察出版社 2004 年版，第 288 页。

⑤ 参见高铭暄、马克昌主编：《刑法学》，北京大学出版社 2000 年版，第 228—231 页。

防的功能分开阐述，特殊预防功能是针对犯罪人的剥夺或限制功能、鉴别功能、个别威慑功能和感化、改造功能；一般预防是针对犯罪人之外的社会一般公众所发挥的功能。[①]

对上述各种稍加分析就可以发现，不论是“总论法”还是“分论法”，刑罚的功能具有如下的特征：

第一，刑罚功能的发挥是一个动态的过程。如前所述，刑罚的功能的充分发挥，离不开刑罚的制定、裁量（司法适用）以及刑罚的执行这些关键的环节。没有预先制定刑罚，就无法实现刑罚的确定性和明确性，但是却会导致罪刑擅断或刑罚的滥用，虽然仍然可能发挥刑罚的报应和惩罚功能，但是却使刑罚的一般威慑功能大打折扣，也有违罪刑法定的刑法基本原则。没有刑罚的司法适用，则刑罚法规如空中楼阁、无本之木，其功能也就无从发挥。而离开了刑罚的执行环节，刑罚对犯罪分子的惩罚和改造就无从谈起，也难以满足被害人和社会公众对公平正义的渴求。

第二，刑罚针对不同的作用对象，其功能也有差异。刑事案件的被告人（犯罪嫌疑人）和被害人，对刑罚的心理态度迥然有异。一般来说，被告人（犯罪嫌疑人）希望刑罚尽量宽缓，自己受到的惩罚尽量轻微，而被害人及其亲属则大多希望严惩被告人（犯罪嫌疑人），以满足其朴素的报复情感和正义追求。这是由其在刑事诉讼中的地位所决定的。而刑罚则应公平客观地裁量，不由单一方面的当事人所左右。社会公众作为当事人之外的主体，对刑罚的感受则又有不同。相应地，刑罚针对不同的主体，其功能也有所差异。

第三，刑罚的功能是指刑罚在客观上所起的综合作用，不能仅仅理解为刑罚对社会所起的积极作用。毋庸置疑，刑罚具有积极的社会作用，但是

---

① 参见阴剑锋：《刑罚功能比较研究》，载于志刚主编：《刑法问题与争鸣》2002年第五辑，第276页。

同时不容否认的是，刑罚也具有消极的作用。刑罚犹如一把双刃剑，用之不当，则会产生极大的负面效应。比如，刑罚对被告人（犯罪嫌疑人）及其亲属来说，具有巨大的打击和心理创伤。也正因为如此，刑罚的惩罚性和痛苦性得以体现，刑罚的积极作用也才能充分发挥。因此，刑罚的功能应当全面地加以把握，而不应仅仅认为其只是刑罚对社会的积极作用。

第四，刑罚针对不同的对象可能具有同一种功能，比如刑罚的安抚功能，既是针对犯罪人及其亲属的，同时也是对社会普通公众报应情感的巨大安慰。因此，刑罚的某一种功能可能并不是针对某一个对象，而是可能针对不同的对象发挥类似的功能。威慑功能也一样，对犯罪人以及其他人，刑罚都具有威慑的效果（特殊威慑和一般威慑）。

因此，综合以上观点，笔者认为，我国刑罚的功能主要包括以下几种：

第一，报应和惩罚功能。这一功能主要是针对犯罪人而言的，这是刑罚最本质、最基本的功能，也是刑罚的其他功能得以发挥的前提。如果刑罚不具有报应和惩罚的功能，刑罚的威慑功能就无从谈起。正是因为刑罚具有报应和惩罚性，会给受刑人带来肉体上和精神上的痛苦和不适，刑罚才能发挥威慑和安抚等其他功能。如果刑罚对受刑人来说是一种享受，那么刑罚不仅不能抑制犯罪，反而会鼓励犯罪。这也是为什么在政治经济文化传统不同的国家其刑罚种类及执行方式都有差异。

第二，剥夺和限制功能。这一功能也是主要针对犯罪人而言的，即刑罚剥夺或限制了犯罪人在一定时期（执行的刑期）再犯的能力。之所以说剥夺和限制，是因为不同的刑种在此方面的功能也有所差异。比如死刑（立即执行），是彻底地剥夺了犯罪人再犯的能力。而有些刑种，则只是一定时期内限制了犯罪人的再犯能力，使其再犯的可能性大大降低。

第三，教育和改造功能。刑罚的教育和改造功能也是主要针对犯罪人而言的，通过刑罚的裁定和执行对受刑人是个很好的教训和教育，使他明白犯罪所应当承担的责任和不利后果，认识到做一个遵纪守法的公民的重要性，从而能够认真接受改造，并在之后的日子里重新做人。当然，刑罚的教育功能对受刑人之外的普通公民也具有教育意义，使他们能够引以为戒，避免重蹈他人覆辙。

第四，威慑和预防功能。这是刑罚最重要的功能之一。在任何的历史时期，不管刑罚是文明还是野蛮，威慑和预防功能都是刑罚最为重要的功能之一。即使是在肉刑泛滥、甚至株连他人的刑罚野蛮时代，统治阶级施行刑罚的最重要目标也不是为了满足个人的好恶，而是为了预防犯罪，从而稳固社会秩序进而稳固自己对社会的统治。现代文明社会更是如此，制定、裁量和执行刑罚的终极目标，是为了“无刑”，即减少和抑制犯罪，并以消灭犯罪为最高追求。当然，这里的威慑和预防，包括特殊威慑（预防）和一般威慑（预防）。

第五，补偿和安抚功能。刑罚的补偿和安抚功能主要是针对被害人及其亲属以及受刑人之外的社会公众而言的。被害人的法益已然受到侵害，很多时候这种侵害是难以复原的，让犯罪人受到刑罚的处罚，对被害人及其亲属而言，是一个巨大的情感补偿与心理安慰。现代文明社会严禁私人复仇。因此，由公权力机关掌握的刑罚体系及其运行机制在很大程度上取代了私人复仇的原始规则，使得被害人及其亲属的复仇情感有了合理的宣泄渠道，对他们无疑是莫大的补偿和安抚。另外，对于其他社会公众来说，刑罚的裁量和执行也抚慰了人们追求社会公平正义，“善有善报、恶有恶报”的朴素的报应情感。

第六，保护和保障功能。刑罚的保护和保障功能的最终实现，有赖于上述几种功能的充分发挥。在刑罚上述功能充分发挥的前提下，社会公众合法的人身、财产权利和国家、社会等公共法益能够得到有效的保护，也有利于保障社会秩序的稳定，从而使全体公民能够安居乐业，整个社会和谐稳定。

总之，笔者认为，我们在把握刑罚功能的时候，应具有整体性、客观性、全面性的思维。所谓整体性，是指应将国家的整个刑罚体系和刑罚的整体运行机制结合起来，整体性的加以考量。所谓客观性，是指既要考虑到刑罚功能的积极性的一面，也要考虑到刑罚功能消极性的一面，刑罚功能的消极面正是刑罚功能的积极面得以发挥的基础和前提，而且刑罚的目的正是要站在抑制刑罚功能消极的一面、充分发挥刑罚的积极功能的角度予以认识和把握。所谓全面性，就是要考虑到刑罚对犯罪人和被害人等当事人的直接的功能，更要考虑刑罚对其他社会公众所发挥的潜在的功能。

第四章

预防犯罪行为暨刑罚配置的经济分析

第一节 刑罚的目的

目的是主体的一种价值目标和价值追求，它对主体的行为具有重要的指导意义，其重要性不言而喻。相应地，古今中外，刑罚目的都是刑罚理论的重要组成部分，对一个国家的刑罚种类、刑罚体系、刑罚运行机制都有着至关重要的影响，可以说，刑罚目的在刑罚论中居于核心的地位。因此，对刑罚目的的研究，在中外法律思想史上，都具有极为重要的地位、作用和意义。

一、国外刑法理论中的刑罚目的观

国外理论中对刑罚目的的研究资料可谓汗牛充栋，也形成了多种刑罚目的观。和关于刑罚本质的研究相关联，刑罚目的观也形成了几种对立的观点。概括起来，主要有如下几种：

（一）报应或惩罚的刑罚目的观

报应或惩罚的刑罚目的观，又称绝对主义的刑罚目的观。在刑罚本质问题上坚持报应刑论者，在关于刑罚目的的问题上大都采报应或惩罚的刑罚目的观。[①]

---

① 但是也有在刑罚本质问题上采报应刑论者，在刑罚目的观上持预防目的的观点，如格老秀斯即是如此。参见韩忠谟：《刑法原理》，北京大学出版社 2009 年版，第 20 页。

报应或惩罚的刑罚目的观具有悠久的历史，最早可追溯至古希腊哲学家亚里士多德。举世闻名的古希腊哲学家亚里士多德曾指出，犯罪是违反道义的恶行，刑罚是对违反道义的恶行的报应，是为了消除犯罪人的罪恶，通过对犯罪人的报复（报应）和惩罚回复被破坏的公平。①

在漫长的历史发展过程中，在报应或惩罚的刑罚目的观内部，又有不同的分支，具体可以分为神意报应观、道义或道德报应观以及法律报应观。

古希腊的哲人就曾指出，犯罪是对神意的违反和冒犯，刑罚的目的就是要消灭犯罪人，给犯罪人以惩罚和报应。② 进入中世纪的欧洲以后，基督教开始盛行，神意报应主义占据了统治地位，认为对犯罪人报应是基于神或上帝的旨意，国家是神或上帝的代言人，对犯罪人施以报应的刑罚是秉承神或上帝的意志而行事。著名的古罗马哲学家、基督教思想家奥古斯丁，以及德国法理学家斯塔尔（Stahl,1802-1861）皆为神意报应论的代表人物。③ 就像关于刑罚本质的神意报应论一样，关于刑罚目的的神意报应论将刑罚的目的归结于神意或上帝的报应，在当时的历史时期，具有一定的合理性，也是由当时的社会经济条件和文明发展状况所决定的，在很长的历史时期，能够与当时的社会发展程度相适应。但是，将刑罚的目的归于虚无缥缈的神意或上帝的意志，在现代的眼光看来，无疑是很荒诞的闹剧。

与神意报应论相比，道义（道德）报应论的刑罚目的观也具有相当长的历史，并且在近现代仍然得到了很多刑法学者的认可和支持，如前所述，古希腊先哲亚里士多德可谓道义报应论的先驱。而近代德国著名哲学巨匠康

---

① 参见韩忠谟：《刑法原理》，北京大学出版社 2009 年版，第 19 页。
参见高铭暄主编：《刑法学原理（第 3 卷）》，中国人民大学出版社 1993 年版，第 48 页。
参见马克昌：《刑罚通论》，武汉大学出版社 1999 年第 2 版，第 53 页。

② 参见谢望原：《欧陆刑罚制度与刑罚价值原理》，中国检察出版社 2004 年版，第 334 页。

③ 参见高铭暄主编：《刑法学原理（第 3 卷）》，中国人民大学出版社 1993 年版，第 48 页。
参见韩忠谟：《刑法原理》，北京大学出版社 2009 年版，第 19 页。

德，无疑是道义报应论的典型代表，其将道义报应论的理念推进到了新的高度。康德哲学上的因果决定论为道义报应论提供了理论基础，康德认为，人是目的，不是手段，人具有意志自由或实践理性，应该遵守道德律令。无论是人的外部行为还是内部动机，都应遵守道德规范的约束。人在道德规范的约束之下，就不会去侵害他人的权利；而犯罪行为侵害了他人权利，也违反了道德规范，刑罚就是对违反道德规范的行为的惩罚。并且基于人的目的价值，任何人都不能作为实现某一目的的手段。因此，对犯罪人施以刑罚也仅仅是惩罚而已，是正义的要求，并不具有其他目的，否则，与理性之要求相违背。并且康德认为，刑罚为正义的要求，应维持犯罪行为与犯罪人所受刑罚的均衡，如天平一样，使两者平衡，就要求等量的报应，即“以眼还眼，以牙还牙”。①

康德重视犯罪人客观的外部行为和主观的动机，重视犯罪人的道德境界，具有一定的合理性。虽然其主张等量报应，显得过于机械和迂腐，但是其主张罪刑均衡的思想，能够限制刑罚权的滥用，免除了过度刑罚的危害，无疑具有巨大的进步性，并在很大程度上为当代刑法思潮所接受。不过，等量报应的思想在实践中难以完全实现，其弊端也是显而易见的。

正是在康德道义报应的基础上，黑格尔提出了法律报应的思想。黑格尔认为，人具有个体理性，社会作为个体的集合具有现实理性。犯罪是特殊个体对现实理性的反对和侵害，是对现实理性之否定，国家对犯罪人施以刑罚，乃是基于尊重个体之理性，对侵害现实理性的个体予以侵害，对其予以否定，亦即通过“否定之否定”以复原现实理性。也就是说，犯罪是对法律秩序之否定，是对法律秩序的侵害和破坏，国家对犯罪人施加刑罚，是对犯

① 参见韩忠谟：《刑法原理》，北京大学出版社 2009 年版，第 21—23 页。
参见高铭暄主编：《刑法学原理（第 3 卷）》，中国人民大学出版社 1993 年版，第 48—49 页。
参见谢望原：《欧陆刑罚制度与刑罚价值原理》，中国检察出版社 2004 年版，第 335 页。

罪人犯罪行为的否定，是运用“否定之否定”原理对法律秩序的恢复。而且法律尊重个体理性，除了报应之外，不能对刑罚附加其他目的。另外，黑格尔认为，不能以犯罪人的主观罪过为基础，而应从犯罪人的客观行为中去决定刑罚的尺度，反对等量的报应而主张等价值的报应。①

在刑罚目的观方面，黑格尔的法律报应主义和康德的道义报应主义相比，具有明显的进步性。将抽象的道德律令（道义）作为刑罚的报应目的的来源，具有很大的不确定性和模糊性；而法律报应主义明确刑罚的目的源于法律的报应，并强调刑罚报应的等价性，提高了刑罚的明确性和可操作性。但是，其对犯罪人主观罪过的重视程度，较康德则有所降低，也有其局限的一面。

之后的宾丁（Binding，1841—1920 年），深受十九世纪的法律实证主义的影响，远离形而上学而专注于实定法，建立了规范的刑法学体系。其分析实定法之后，得出了刑罚轻重与犯罪行为对法律规范和法律秩序侵害的程度轻重相适应、刑罚是法律的报应，对后世也产生了巨大影响，也使其成为法律报应主义的代表人物之一。②

总体而言，不管是神意报应的刑罚目的观，还是道义报应、法律报应的刑罚目的观，其关于刑罚目的是报应和惩罚这一问题上，具有高度的一致性。三者只是对于刑罚的报应根据来源有不同认识，而均认为刑罚的目的在于报应和惩罚，而不具有其他的目的。这和预防或功利的刑罚目的观以及后来的一体论（或称综合论、折中论）的刑罚目的观具有本质的不同。

（二）预防或功利的刑罚目的观

预防或功利的刑罚目的观否认刑罚的报应或惩罚目的，认为惩罚已经

① 参见高铭暄主编：《刑法学原理（第 3 卷）》，中国人民大学出版社 1993 年版，第 49—50 页。

参见韩忠谟：《刑法原理》，北京大学出版社 2009 年版，第 23—24 页。

② 参见韩忠谟：《刑法原理》，北京大学出版社 2009 年版，第 24 页。

发生的犯罪毫无意义，刑罚的目的在于预防犯罪，也就是刑罚目的应着眼于未来，而不是毫无意义地回顾过去。西方刑法学说史上，古希腊哲学家普罗塔哥拉（Protagoras,也有译为普罗塔哥拉斯[①]）最早提到刑罚的预防目的，普氏指出："谁要是以理智来处罚一个人，那并不是为了他所犯的不法，因为并不能由于处罚而使业已发生的事情不发生。刑罚应该为着未来而处罚，因此，再不会有其他的人，或者被处罚者本人再犯同样的不法行为。"[②]

柏拉图作为古希腊最著名的哲学家之一也持类似的观点。柏拉图认为，不因为别人犯错误而惩罚他，而是为了不再犯错误而去惩罚他，才是理性而聪明的人应有的做法。其认为，刑罚的目的在于教育犯罪人以及警告教育其他人不去实施犯罪行为。[③]这显然就是特殊预防和一般预防的思想。

之后的贝卡利亚（Beccaria,1738-1794）更为系统地提出了功利主义的刑罚目的观。贝卡利亚出生的十八世纪三十年代，正是理性主义盛行时期，因此其刑法学说具有鲜明的理性特征，其巨著《论犯罪与刑罚》在世界法律史上，都具有极为重要的影响，闪耀着理性的光辉，并时时闪现功利主义的光芒。贝卡利亚认为法律的目的就是保障最大多数人的最大幸福，因此其思想中包含了不少功利主义的元素。除了功利主义思想之外，贝卡利亚亦认可社会契约论的思想，认为国家的刑罚应当合理化，这是基于国家和人民间的契约之要求，个体为保障共同生活之秩序稳定，将自身的部分权利让渡给国家，当个体侵害他人权利影响秩序稳定时，国家有权力也有义务在合理的限度内对侵害他人权利的个体施以刑罚。但是，个人所愿意让渡的权利也是有

① 参见谢望原：《欧陆刑罚制度与刑罚价值原理》，中国检察出版社 2004 年版，第 336 页。

② 林山田：《刑罚学》，台北商务印书馆 1975 年版，第 64 页。转引自高铭暄、赵秉志编：《刑罚总论比较研究》，北京大学出版社 2008 年版，第 102 页。

③ 参见高铭暄主编：《刑法学原理（第 3 卷）》，中国人民大学出版社 1993 年版，第 50—51 页。

限度的，因此贝卡利亚坚决反对死刑及其他严酷刑罚，认为此类刑罚超出必要的和合理的范围，有违契约的宗旨。基于上述思想，贝卡利亚认为，刑罚的目的不是报应和惩罚，而是为了预防犯罪。他指出："刑罚的目的仅仅在于：阻止罪犯再重新侵害公民，并规诫其他人不要重蹈覆辙。"① 由此可见，贝卡利亚的刑罚目的观在于预防犯罪，包括了特殊预防和一般预防，即贝卡利亚在刑罚目的方面持双面预防的刑罚目的观。

边沁则是另一位双面预防的代表人物，也和贝卡利亚一样，同样是古典功利论的代表人物之一，并且边沁对特别预防的论述更为充分和系统。在谈及刑罚的特别预防目的时，边沁明确指出，刑罚的特别预防目的包含了两方面的内容，一方面是对犯罪人再犯能力的剥夺，另一方面是对犯罪人的教育改造，使其消除再犯的意图。他在著作《立法理论——刑法典原理》中指出了刑罚实现特殊预防目的途径包含两个方面："一种是制止犯罪意图，另一种是消除行为能力。消除其再犯意图称作改造，消除其行为能力称作剥夺能力。"② 并且，边沁认为刑罚的特殊预防目的的实现除了剥夺犯罪人的行为能力（再犯能力）和消灭其再犯意图（改造）之外，同时还要依赖于刑罚的威慑，使得犯罪人畏惧刑罚，也就是说，特殊威慑也是实现刑罚特殊预防目的的重要因素之一。③

虽然对刑罚的特殊预防目的进行了充分的阐述，但是边沁和贝卡利亚一样，更为重视刑罚的一般预防目的。边沁旗帜鲜明地表达了自己更为重视刑罚的一般预防目的的观点，他曾明确指出"刑罚的主要目的是一般预防"

① （意）贝卡利亚：《论犯罪与刑罚》，黄风译，中国法制出版社 2005 年第 2 版，第 52 页。
② （英）边沁：《立法理论——刑法典原理》，孙力等译，中国人民公安大学出版社 1993 年版，第 26 页。转引自邱兴隆：《关于惩罚的哲学：刑罚根据论》，法律出版社 2000 年版，第 182 页。
③ 参见高铭暄、赵秉志编：《刑罚总论比较研究》，北京大学出版社 2008 年版，第 102—103 页。

的观点。[①]

贝卡利亚和边沁对刑罚一般预防目的的重视，使得后来以费尔巴哈为代表的一般预防论的崛起。费尔巴哈是刑事古典学派中一般预防论的典型代表，其心理强制说在刑法学说史上具有重要的历史地位，以心理强制说为基础，费尔巴哈强调刑罚的立法威慑，通过立法设定刑罚，使得一般人知道犯罪行为所应承担的不利后果，从而形成心理强制，使得公众主动选择约束自己的行为，不去实施犯罪而免受刑罚的制裁。因此，费尔巴哈主张客观明确的刑罚，确立了罪刑法定原则，对后世影响极为深远。[②]与费尔巴哈的立法威慑论有所不同，一般预防主义的代表人物菲兰吉利更为重视刑罚执行所带来的一般威慑，因此被称为行刑威慑论。他认为，刑罚的目的不是通过立法确定的刑罚纸上谈兵式地产生威慑，而是通过刑罚的实际执行，使一般公众认识到刑罚的威慑力，进而实现预防犯罪的目的。[③]

一般预防主义的刑罚目的观在西方刑法史上占据了重要地位，在很长时期内居于统治地位。但是，犯罪率增加的社会现实使得人们对一般预防的刑罚目的观产生怀疑，并且由于欧洲大陆兴起了实证主义哲学思潮，特殊预防主义的刑罚目的观应运而生。特殊预防主义以实证主义思想方法为指导，重视刑罚的社会实践，也对后世产生了重要影响。其最著名的代表人物主要有龙勃罗梭、菲利、李斯特等人。

切萨雷·龙勃罗梭（Cesare Lombrosr,1836-1909）是意大利犯罪学家和精神病学家，在世界范围内久负盛名。其提出了著名的观点“生来犯罪人

---

① 参见高铭暄主编：《刑法学原理（第3卷）》，中国人民大学出版社1993年版，第52页。

② 参见韩忠谟：《刑法原理》，北京大学出版社2009年版，第25—26页。

③ 参见高铭暄主编：《刑法学原理（第3卷）》，中国人民大学出版社1993年版，第53页。

论”，创立了刑事人类学派，对后世产生了非常深远的影响，西方国家的保安处分制度，就深受龙勃罗梭思想的影响。在解读犯罪现象的时候，龙勃罗梭否定传统古典学者的意志自由论，而采决定论。他认为，现实社会中的人不具有意志自由，其行为受到遗产基因、种族等先天因素的制约，某些人实施犯罪行为是与生俱来、命中注定的，和后天的教育没有关系，此类人即是生来犯罪人。龙勃罗梭提出的生来犯罪人的观点，是基于其大量的实证研究基础上的。

龙勃罗梭是犯罪学家和精神病学家，其具有医学博士学位，并担任过狱医，接触了大量的各种各样的犯人，查阅了大量的罪犯档案和其他犯罪统计资料，为后来的实证研究提供了坚实的基础。龙勃罗梭根据自己的研究，将犯罪人进行了不同的分类，其主要将犯人分为天生犯罪人、激情犯罪人、精神病犯罪人、偶然犯罪人、女性犯罪人等类型，并认为这些不同的罪犯类型都有自己的身体特征，其犯罪行为也具有必然性。因此，龙勃罗梭认为对不同的犯罪人，也应实施不同的刑罚，并且刑罚的目的不在于教育公众和一般预防，而在于对犯罪人的矫正救治，刑罚是社会对犯罪人的防卫手段。[①]由此可见，龙勃罗梭在刑罚目的方面，是典型的特殊预防的刑罚目的观。龙勃罗梭开刑事实证学派之先河，为刑法理论研究开辟了新的方法、新的视角和领域，虽然其观点有很大的局限性，甚至有些观点现在看来显得有些荒谬，但是其历史贡献还是不可磨灭的。

意大利著名的刑法学家、犯罪学家恩里克·菲利（Enrico Ferri, 1856-1929），也是特殊预防的刑罚目的观的代表人物之一。菲利是犯罪社会学派的代表人物之一，和龙勃罗梭一样，菲利也反对古典学派的意志自由论，而采

① 参见郝守才等著：《近代西方刑法学派之争》，河南大学出版社2009年版，第406—422页。

决定论，其认为犯罪的原因是人类学因素、自然因素和社会因素三方面造成的，和人的自由意志无关。菲利还提出了著名的“犯罪饱和法则”，认为犯罪的质和量是和社会的发展相适应的，呈现出一定的规律性，当影响犯罪的因素达到一定的量时，社会呈现出饱和状态，就导致犯罪的发生。

和反对意志自由论的观点相适应，在关于刑事责任方面，菲利反对道义责任论，而主张社会责任论。菲利认为，追究犯罪人的刑事责任，不是因为犯罪人滥用自由意志违反了道德义务而产生了道义责任，而是为了防卫社会、保护国家和法律。菲利的刑事责任观，包含了严格责任的萌芽，追究犯罪人刑事责任是基于社会防卫的需要，而不管行为人的主观心态为何。

和龙勃罗梭类似，菲利也对犯罪人进行了分类，并认为针对不同的犯罪人类型，其刑罚也应有所区别，此即著名的刑罚个别化构想。因为刑罚的目的是特殊预防，则针对具有侵害社会的人身危险性的人，可以提前预防之，对此类人施以保安处分，能够更好地保卫社会。在很大程度上，社会防卫处分代替了传统的刑罚。并且，因为根据不同的个体，刑罚的预防效果有所差异，菲利主张不定期刑，以更好地达到矫正之功效，实现刑罚特殊预防的目的。除了刑罚个别化的思想之外，菲利还提出了刑罚替代物（即刑罚替代措施）的构想，即改良社会，消除犯罪发生的社会因素，更为积极地预防犯罪的发生，以替代刑罚的特殊预防。同时，菲利也是保安处分的最早倡导者之一，是保安处分制度理论基础的奠基人之一，认为对具有人身危险性的人，可以施以法律上的保安处分以保卫社会。①

菲利的刑罚目的思想也是特殊预防的刑罚目的观，并且和龙勃罗梭的观点在很大程度上具有相似性。笔者认为，菲利对当代社会最有启示意义的

---

① 参见韩忠谟：《刑法原理》，北京大学出版社 2009 年版，第 26—27 页。
参见郝守才等：《近代西方刑法学派之争》，河南大学出版社 2009 年版，第 432—446 页。

观点，非刑罚替代物理论莫属。刑罚替代物理论重视犯罪产生的社会现实原因，主张通过改良、消除犯罪的社会土壤来预防犯罪，显然比通过刑罚来预防犯罪更为有效，也更能节约社会的成本。

除了意大利的龙勃罗梭和菲利，德国著名刑法学家、刑事社会学派的创始人弗兰茨·冯·李斯特（Franz Von Liszt,1851-1919）是特殊预防的刑罚目的观的另一位倡导者。李斯特的刑法理论，以实证主义和决定论为哲学基础，在认识论和方法论上主张“经验人”而非“理性人”。在犯罪原因方面，李斯特反对龙勃罗梭的犯罪原因一元论，也反对菲利的犯罪原因三元论，而主张应从两个方面来把握犯罪原因，即个人原因和社会原因。李斯特认为：“任何一个犯罪的产生均由两个方面的因素共同使然，一个是犯罪人的个人因素，另一个是犯罪人的外界的、社会的，尤其是经济的因素。”①

在刑事责任的本质方面，李斯特也持社会责任论的立场。基于犯罪原因二元论的主张，李斯特认为犯罪是由行为人的素质和社会因素共同决定的，其中社会的因素更为重要，而不是由行为人的自由意志所决定，因此责任的本质不是道义的非难，而是防卫社会，责任的基础不是行为人的自由意志，而是行为人的反社会性或人身危险性。因此，在李斯特看来，刑法更应关注的是行为人，而不是行为，其采取的是“行为人责任”的立场，刑罚惩罚的对象也更注重行为人及其人身危险性或反社会性，而不是以行为为核心。

在刑罚目的方面，李斯特反对刑罚的目的是报应，也否认刑罚的目的是对他人的威吓，而是对具有社会危险性或反社会性的人所采取的社会防卫措施，也即“法益保护”或“社会防卫”才是刑罚的目的。并且，李斯特认为，刑罚实现法益保护或社会防卫的目的，主要是通过教育改造犯罪人来实现的，而不是通过或者说主要不是通过威慑、警戒一般人来实现的。因此，

---

①（德）李斯特：《德国刑法学教科书》，徐久生译，法律出版社 2000 年版，第 9 页。

在刑罚目的观方面，李斯特的观点更接近特殊预防主义。相应地，李斯特认为刑罚的轻重不仅仅基于犯罪的客观情状及其严重程度等客观事实，也应关注犯罪人的反社会性或人身危险性程度等主观方面，从而对犯罪人进行分类并施以不同的刑罚，即李斯特也主张刑罚个别化。除此之外，李斯特还认同保安处分，并认为保安处分和刑罚在很大程度上具有相似性，具有保安处分和刑罚一元论的倾向。①

我们不难看出，特殊预防的刑罚目的观只是立足于对犯罪人的预防，而否定刑罚具有除了特殊预防之外的其他目的，其局限性还是非常明显的。而一般预防的刑罚目的观则将刑罚的预防目的扩及一般人，其预防的对象尽管更为广泛，但是，难免还是有些遗漏，因为如果说刑罚具有一般预防的目的，那就很难将特殊预防排除在刑罚目的之外。双面预防的刑罚目的观与前两者相比，显然更为全面，将特殊预防和一般预防都作为刑罚的目的，加以全面地考虑，比较而言其合理性也更为突出。不管是一般预防还是特殊预防，或者是双面预防的刑罚目的观，其共同点都是认为刑罚的目的主要在于预防未来的犯罪，而不是对已然发生的犯罪的惩罚与清偿（报应），这种观点和报应主义的刑罚目的观具有本质的不同。但是，因为预防主义或功利主义的刑罚目的观过于重视刑罚的预防目的，则可能导致过于功利，从而只是重视刑罚的预防作用和功利目的而忽略了对刑罚的合理限制，和责任主义的刑法原则似有相悖之嫌。因此，预防或功利主义的刑罚目的观虽然有其积极和合理的一面，但是也有其自身的局限性。

（三）一体论（二元、混合、折中或综合）的刑罚目的观

一体论的刑罚目的观，又称二元、混合、折中或综合的刑罚目的观，

① 参见郝守才等：《近代西方刑法学派之争》，河南大学出版社2009年版，第446—462页。

参见韩忠谟：《刑法原理》，北京大学出版社2009年版，第27—28页。

就是认为刑罚的目的包含了报应和预防两个方面，此说实际是对报应（惩罚）主义的刑罚目的观和预防或功利主义的刑罚目的观的融合、折中与调和。在一体论的内部，也有不同的观点，在报应目的与预防目的的地位如何把握、报应目的和预防目的在刑罚制定、裁量和执行阶段如何分配等方面，不同学者有不同的见解。但是在承认刑罚的目的包括了报应和预防这一点上，一体论者具有一致性的见解。

一体论的刑罚目的观的出现，源于报应主义的刑罚目的观与预防或功利主义的刑罚目的观的争论。如前所述，报应主义和预防或功利主义的刑罚目的观各有其可取之处，各有其缺陷，尤其是二十世纪以来，西方社会和刑法学者为累犯问题所困扰，很难通过单一的报应或预防的刑罚目的对之予以合理的解释，于是折中主义的一体论便应运而生。美国学者帕克和赫希、英国学者哈特、德国学者冯·巴尔、日本学者团藤重光和泉二新熊等人都是一体论的刑罚目的观的代表人物。[①]

美国学者帕克从分析现存的刑罚规范出发，得出了刑罚的目的既有报应和惩罚，又有教育和预防的结论。对严重违反社会道德的自然犯，如杀人、抢劫、强奸等犯罪，规定了较为严重的刑罚，目的是为了表达对此类犯罪的报应、惩罚和谴责；而对并非严重违反社会道德的法定犯，施以刑罚的目的是为了预防同类的犯罪，告诫其他人对此类行为引以为戒，达到预防此类犯罪的目的。[②]可见，帕克的一体论具有其独特的视角。其虽然认为刑罚

---

① 参见高铭暄主编：《刑法学原理（第3卷）》，中国人民大学出版社1993年版，第54—56页。

参见郝守才等：《近代西方刑法学派之争》，河南大学出版社2009年版，第469页。

参见谢望原：《欧陆刑罚制度与刑罚价值原理》，中国检察出版社2004年版，第343—344页。

② 参见高铭暄主编：《刑法学原理（第3卷）》，中国人民大学出版社1993年版，第54—55页。

同时具有报应和预防的目的，但是报应和预防的目的是分别通过对不同类型的犯罪（自然犯和法定犯）施以刑罚而实现，并不是所有类型犯罪的刑罚均具有报应和预防的目的。

美国著名的刑罚学家安德鲁·冯·赫希（Andrew Von Hirsch）也持一体论的刑罚目的观。赫希认为，刑罚的目的既包括给犯罪人以痛苦从而实现预防犯罪的目的，也包括给犯罪人以报应和惩罚以谴责犯罪人，即刑罚具有报应和功利的双重目的。在谈到刑罚目的时，赫希在其作品中明确指出："对加害行为的一种正式的反应应该服务于两个目的：（1）阻止这类行为；（2）表达对行为与其实施者的谴责。为了服务这两个目的，刑罚有其两个显著的特征——适用严厉的处理和施加谴责。通过以施加不愉快的后果相威吓，人们希望阻止犯罪行为。通过以庄严的、谴责的方式适用这些后果，国家代表其公民的利益表达对此类行为的否定。"[①] 由此可见，在赫希看来，刑罚的目的既包括威慑和预防，也包括报应和谴责，这是典型的二元的或一体论的刑罚目的观。

英国著名的法学家哈特的一体论的刑罚目的观也比较独特。哈特认为，刑罚的一般正当目的（直接目的）与刑罚的分配是不同层次的问题。哈特认为，在考虑刑罚的一般正当目的时，是为了说明何种行为应当规定为犯罪并施加刑罚，并对此向公众宣告以禁止或减少（预防）此类行为的发生，而刑罚的分配则需考虑报应和预防的需要。在决定刑罚的量时，应考虑报应的限制，同时还应考虑特殊预防和一般预防的需要。[②] 也就是说，哈特将刑罚的目的进行分阶段考量。在刑罚的制定阶段，其目的是功利性的，是为了禁止

---

① （美）安德鲁·冯·赫希：《已然之罪还是未然之罪》，邱兴隆、胡云腾译，中国检察出版社 2001 年版，第 57 页。转引自郝守才等著：《近代西方刑法学派之争》，河南大学出版社 2009 年版，第 541 页。

② 参见郝守才等：《近代西方刑法学派之争》，河南大学出版社 2009 年版，第 547—549 页。

或减少犯罪行为的发生，实现一般预防的目的；而在量刑阶段，则需考虑报应的目的，并结合特殊预防和一般预防的目的，决定具体刑罚的分配；在刑罚执行阶段，则主要考虑特殊预防的目的。[①]

德国学者冯·巴尔在谈到刑罚目的时，针对教育或预防的刑罚目的观提出了批评。冯·巴尔认为，不能过于重视刑罚的教育或预防目的而忽视刑罚的报应或惩罚目的。无论怎么说，刑罚都不是美好的享受，人们不会主动追求刑罚的处罚，而是被动地接受。因此，刑罚的目的首先是对犯罪人的报复和惩罚，之后才具有改造的意义。也就是说，刑罚的主要目的是报应和惩罚，预防和改造只是附带的、次要的目的。[②]可见，冯·巴尔是在报应主义的刑罚目的观的基础上，融合了预防主义刑罚目的观的一些理念，其刑罚目的观具有折中的特点。

除了冯·巴尔之外，德国著名学者迈克尔（A.Merkel）、弗兰克（Frank）、李普曼（Liepmann）等都采类似的以报应主义为基础的折中的、综合的或一体论的刑罚目的观。其均主张刑罚应以罪责为基础，不能为了预防的目的而超越罪责的限制。这和新派以预防主义或教育主义为基础的折中主义刑罚目的观、允许为了预防目的可以突破罪责限制的观点还是具有很大的区别。[③]

日本著名刑法学家团藤重光的刑罚目的观也具有一体论或综合论的色彩。团藤重光认为，刑罚的目的具有报应的一面，也具有特殊预防和一般预防的一面。在对犯罪人科处刑罚时，必须受到报应目的的制约；而通过刑罚的明确宣告的过程唤醒犯罪人和一般人的规范意识，从而实现特殊预防和一

---

① 参见高铭暄、赵秉志编：《刑罚总论比较研究》，北京大学出版社2008年版，第103页。参见高铭暄主编：《刑法学原理（第3卷）》，中国人民大学出版社1993年版，第55—56页。

② 参见谢望原：《欧陆刑罚制度与刑罚价值原理》，中国检察出版社2004年版，第344页。

③ 参见韩忠谟：《刑法原理》，北京大学出版社2009年版，第29页。

般预防的目的。[①]日本学者泉二新熊也持类似的观点，他认为刑罚的目的应该从报应和预防犯罪的角度加以全面的把握，而不能有所偏废。[②]

整体而言，一体论和折中主义的刑罚目的观内部虽也有如前所述的区别，但是其在刑罚的目的包含了报应或惩罚与预防或功利这一点上，达成了统一见解。单从报应（惩罚）主义或功利（预防）主义的视角加以解读刑罚的目的，很难全面地把握刑罚问题，也难以对刑罚的制定、裁量、执行过程中的一系列制度和理念加以合理的解释和说明。因此，相对来说，一体论的刑罚目的观具有一定的进步性和更大的合理性。

二、我国刑法理论中的刑罚目的观

在我国刑法理论中，对刑罚目的的概念曾经有过不同认识，存在微观、中观和宏观三种不同的见解。微观说认为，刑罚目的就是司法机关对犯罪分子适用刑罚的目的。中观说认为，刑罚目的是国家立法机关制定刑罚和司法机关适用刑罚的目的。宏观说认为，刑罚目的是指国家通过制定、适用和执行刑罚的全过程所欲实现的目的。[③]

相应地，我国刑法理论界关于刑罚目的观也有多种不同的观点，可谓仁者见仁，智者见智。具体来说，目前我国刑法学界存在的刑罚目的观主要

① 参见郝守才等:《近代西方刑法学派之争》，河南大学出版社 2009 年版，第 562 页。

② 参见谢望原:《欧陆刑罚制度与刑罚价值原理》，中国检察出版社 2004 年版，第 344 页。

③ 参见高铭暄主编:《刑法学原理（第 3 卷）》，中国人民大学出版社 1993 年版，第 57—58 页。

有如下几种：[①]

第一种是惩罚说。该说认为，刑罚是统治阶级实行统治的工具，具有国家暴力机器为后盾的强制性。刑罚的本质是惩罚和报应，刑罚的目的就是惩罚犯罪人。

第二种是改造说。该说认为，刑罚的目的是通过惩罚和教育犯罪人，使其重新成为遵纪守法的合格公民。

第三种是预防说。该说认为，刑罚无疑具有惩罚性，但是惩罚本身不是刑罚的目的，刑罚的目的是为了预防犯罪，即通过惩罚犯罪人达到双重预防（特殊与一般预防）的目的。

第四种是双重目的说。即认为刑罚的目的包括惩罚和教育改造两个方面，二者相辅相成。

第五种是三目的说。即刑罚包含三个方面的目的。一方面，刑罚具有惩罚和改造犯罪人，预防其再次犯罪的目的；另一方面是为了教育和警示潜在的犯罪分子，威慑其不致实施犯罪行为；第三方面是教育公众不做违法乱纪之事，并参与制止违法乱纪的行为。

第六种是预防与消灭犯罪说。该说认为，刑罚的目的是预防和消灭犯罪，即通过对犯罪人适用刑罚，以消灭或预防他们再次犯罪，从而保护国家和人民的利益和权利。

第七种是直接目的和终极目的说。该说认为，刑罚的直接目的包括“惩罚、威慑、改造、安抚、教育”，而刑罚的终极目的则是“保护社会主义生产力和生产关系”。

---

① 参见高铭暄、赵秉志编：《刑罚总论比较研究》，北京大学出版社 2008 年版，第 104—110 页。
参见谢望原：《欧陆刑罚制度与刑罚价值原理》，中国检察出版社 2004 年版，第 357—358 页。
参见高铭暄主编：《刑法学原理（第 3 卷）》，中国人民大学出版社 1993 年版，第 56—75 页。

第八种是直接目的和根本目的说。该说认为，刑罚的目的应该从不同的层次解读。刑罚的直接目的则包括报应和惩罚犯罪，并威慑犯罪分子和潜在的犯罪分子使其不再实施或不实施犯罪行为，同时还要教育改造犯罪分子重新走上社会，做一个守法公民。而从根本上说，刑罚的目的是预防犯罪，从而保卫社会。

第九种是二元目的说。该说认为，刑罚具有报应和预防的二元目的。刑罚的报应和预防目的并不矛盾，二者可以协调并存，并且以报应为主，不能过度追求刑罚的预防目的而突破报应的限度。并且，在刑罚实践中，报应和预防的目的在不同的阶段应有所侧重。该种观点为我国著名刑法学者陈兴良教授所倡导。

第十种是刑罚功能充分发挥说。顾名思义，刑罚的目的就是最大限度地预防犯罪，从而使刑罚功能充分发挥。该说将刑罚目的与刑罚功能的发挥联系起来，认为刑罚的目的不仅仅是预防犯罪，而且是最大限度地预防犯罪，具有其独到之处。

第十一种是现有目的和应有目的说。即在刑罚目的方面，现有目的是“惩罚和预防”，应有目的则是“以教育为中心的预防论”。

综合上述各种关于刑罚目的的观点，可以发现我国刑法理论界的刑罚目的观还是比较混乱的，充满了分歧和争议。这也导致我国刑法理论界在刑罚论领域存在很多争论，比如死刑存废、刑事和解等问题，不同学者之间观点的对立和争论非常尖锐和激烈，并在相当长的时期内持续存在。

仔细分析我国刑法理论界的刑罚目的观，虽看起来林林总总，但还是不外乎报应（惩罚）主义、预防（功利）主义、一体论或折中（混合、综合）主义的刑罚目的观。第一种观点惩罚说认为刑罚的目的是惩罚，实质与报应主义的刑罚目的观没有差别，只是用词上的不同罢了。将刑罚的目的归结为报应，而否认刑罚具有其他目的，无疑是自缚手脚，只看到了刑罚的相对比较消极方面的作用而忽视了刑罚的积极作用，殊不可取，当前已少有学者支持。

第二、第三、第六、第十种观点虽表述各异，但都可以归结为预防（功利）主义的刑罚目的观。在这些观点中，有的认为刑罚的目的在于特殊预防，有的认为刑罚的目的在于特殊预防和一般预防，但是基本没有认为刑罚的目的为单一的一般预防的观点，这是我国刑法理论界在刑罚目的观上与国外刑法理论不同的一面。究其原因，笔者认为，这是因为我国刑法理论和实务界都极为重视对犯罪人的教育改造，并且刑罚直接作用的对象为犯罪人，因此，脱离对犯罪人的特殊预防谈刑罚目的，比较难以有说服力，也显然不够全面。即使认为刑罚的目的包括特殊预防和一般预防，仍然还是束缚了自己的视角和思维领域。如果说刑罚没有报应和惩罚的目的，则刑罚的预防目的也很难实现，并且，如果没有报应和惩罚目的的制约，刑罚的适用和执行可能沦为庸俗的实用主义，也很有可能沦为侵犯人权的工具。

第四、第五、第七、第八、第九、第十一种观点则都有一体论和折中、综合主义的色彩。但是，第十一种观点又更接近于预防主义的目的观，虽认为刑罚的目的包含了惩罚，但从应然的角度看，该观点理论上更接近预防刑论。第七、第八种观点对刑罚目的进行了分层次解读，具有一定的创新性和合理性。但是归根结底，其刑罚目的还是未超出刑罚的报应（惩罚）和预防（包括特殊与一般预防）两个方面。所谓的保卫社会，其实是预防犯罪的另一种说法而已。

相比较来说，笔者更为认同陈兴良教授的二元的刑罚目的观，即刑罚的目的包括报应和预防（包含特殊和一般预防），以报应为基础，预防受到报应限度的制约。并且，在刑罚的制定、适用和执行等不同的阶段，报应和预防的目的会有所侧重。

第二节 刑罚目的之法律经济学分析

如前所述，笔者认为，刑罚的本质、功能和目的是不同层次、不同范畴的概念。刑罚的本质是刑罚的内在属性，具有质的规定性，刑罚的功能是指刑罚所能产生的客观作用和客观效果，刑罚的本质和功能都属于客观范畴，具有不以人的意志为转移的客观性特征。刑罚目的则属于主观范畴，是指国家通过制定、裁量、执行刑罚等一系列过程所欲达到的目标和结果，具有主观性的特征。刑罚目的能否实现以及能够在多大程度上实现，在于刑罚体系是否完备、刑罚机制是否完善、刑罚配置（包括静态和动态的配置，即法定刑的设置、宣告刑的裁量以及刑罚的具体执行）是否合理等一系列问题的解决。

“作为哲学范畴，目的是表示在人的有意识的活动中，按照自己的需要和对象本身的固有属性预先设计，并以观念形式预先存在于人们头脑之中的活动结果，是人对自身需要和客观对象之间的内在联系的主观映像。”① 可见，目的是人们有意识地、积极地追求和实现某种价值或效用的一种主观心理态度。因此，作为刑罚目的的要素必须具备满足人们某种效用的积极价值。如果不具有这样的特征，则就不可能称其为刑罚的目的。

---

① 参见宋英辉：《刑事诉讼目的论》，中国人民公安大学出版社1995年版，第2页。转引自韩轶：《刑罚目的的建构与实现》，中国人民公安大学出版社2005年版，第3页。

因此，笔者认为，刑罚的目的包括报应（惩罚）和预防（既有特殊预防，也有一般预防）。

一、报应和惩罚的刑罚目的

有学者认为，将惩罚或报应犯罪作为刑罚的目的是报应刑论的观点，并且将惩罚或报应犯罪作为刑罚的目的有将“刑罚目的”和“刑罚效果”相混淆之嫌。[①]笔者认为，报应主义刑罚目的观论者将报应和惩罚作为刑罚的目的，自是题中应有之义，但并非所有的报应刑论者都将惩罚与报应或仅仅将惩罚与报应作为刑罚的目的，这是其一；其二，也并非仅仅是报应主义的刑罚目的观论者将惩罚或报应犯罪作为刑罚的目的，一体论或综合、折中主义的刑罚目的观论者同样将报应或惩罚作为刑罚的目的之一。

如前所述，预防主义的刑罚目的观都将预防犯罪（不管是特殊预防还是一般预防或者二者兼顾）作为刑罚的目的，而将报应和惩罚排除在刑罚目的之外。该论者皆认为，刑罚立足于惩罚过去的犯罪行为毫无意义，因为犯罪行为业已发生，已经很难将被侵害的法益复原，刑罚的目的应该是放眼未来，预防未来再发生类似侵害法益的悲剧。

那么，报应和惩罚是否可以成为刑罚的目的之一，也就是说，报应和惩罚犯罪是不是应该成为国家积极追求的目标，或者换句话说，报应和惩罚犯罪对于国家和社会来说，是不是具有效用呢？如果对国家和社会来说，惩罚犯罪和报应犯罪是毫无效用的，那么很显然，将报应和惩罚作为刑罚的目的就完全不具有合理性；如果惩罚犯罪和报应犯罪对国家和社会是有效用的，那么将惩罚犯罪和报应犯罪作为刑罚的目的，就是理所当然的。

---

① 参见刘晓山：《目的刑论研究》，中国人民公安大学出版社2010年版，第1页。

本文前面曾经提到，在我国漫长的历史上，统治阶级通过适用残酷刑罚镇压被统治阶级的反抗，以维护自己的统治，刑罚的报应和惩罚的目的性尽显无疑。当然，正是通过这样的报应和惩罚，既达到了统治者惩罚犯罪的心理满足，也具有威吓和预防的功效，一定程度上达到了预防犯罪的目的。但是，落后的残酷的刑罚有违人道主义的理念，和现代文明格格不入，已经成为历史的尘埃。近现代以来，刑罚的文明程度不断提高，其人性化和轻缓化的趋势极为明显。目前，罪刑法定主义、平等原则、责任主义或罪刑相适应原则已经成为我国刑法的基本原则。在这几大原则的指导之下，刑罚的创制、适用及执行日趋文明与人性化。

罪刑法定原则已经成为现代刑法的基石，其价值和作用已经毋庸置疑。我国刑法也明确规定了该原则，在法无明文规定的情况下，不得定罪处刑，同时也规定了在法律有规定的情况下要依法定罪量刑。之所以做出这样的规定，可以说和刑罚的报应和惩罚理念是分不开的。轻罪轻罚、重罪重罚，确定犯罪轻重的标准就在于犯罪的客观危害与行为人的主观恶性，如果无法律明文的规定，不得在法定刑幅度之外对犯罪人判处刑罚，这正是因为报应和惩罚也是刑罚的目的之一，它具有保障司法公正和社会公正、制约权力滥用的作用。如果刑罚不具有惩罚和报应的目的，而仅仅是为了预防，则在犯罪人真心悔改的情况下，即使其客观上犯罪行为非常严重，对其适用刑罚也没有意义，此时对犯罪人仍然要判处刑罚，与其说是为了一般预防的需要，毋宁说是为了报应和惩罚犯罪以实现社会公正的目的。因为在我国的文化中，“善有善报、恶有恶报”的观念一直深入人心。

在刑罚创制也就是立法制定刑罚的阶段，刑罚的报应目的体现得更为明显。之所以针对不同的犯罪制定不同的刑罚，正是因为基于报应的目的，“善有善报、恶有恶报”，不同种类的犯罪行为“恶”的程度不同，则对其报应和惩罚的程度也会有不同，适用的刑种就会有不同，即使是同种刑罚，其具体的严厉程度也会有区别，比如有期徒刑的年限。而同种类型的犯罪，根据犯罪情节的不同，在适用刑罚时也会有不同。究其原因，就是因为报应和惩罚是刑罚的目的之一，不同的犯罪需要报应与惩罚的量和程度也有区别。否则，很难解释为什么不同的犯罪、甚至相同的犯罪，为什么在适用刑罚上会有很大的不同。

责任主义与罪刑相适应原则也是现代刑法的基本原则。责任主义与罪刑相适应原则也是和刑罚的报应和惩罚目的相联系的，是基于报应目的对刑罚权的一种限制。我国有句谚语“冤有头，债有主”，责任主义要求人只对自己的行为负责，而不能实行团体责任和替代责任。罪刑相适应原则要求对犯罪人判处的刑罚要与其犯罪行为的严重程度相适应，不能畸重畸轻，这是公正的要求，也是和刑罚的报应目的相适应的。

除了能够为罪刑法定主义提供理论支撑和有效保障责任主义之外，刑罚的报应目的还具有其他的积极功能。在我国的文化中，“以德报德”“以直报怨”的观念深入人心，人民群众对真善美的追求、对假恶丑的痛恨具有悠久的历史传统和深厚的社会现实土壤。“罪有应得”“自作自受”“咎由自取”等成语，经常被人们用来形容因为实施了犯罪行为而受到刑罚处罚的犯罪分子。人民心目中朴素的正义观念根深蒂固，对犯罪分子的惩罚和报应满足了人民追求正义、实现公正的心理诉求，对被害人及其家属也是极大的心理安慰。媒体上经常出现类似报道，被害人及其家属放弃赔偿而要求严惩犯罪人的案例屡见不鲜，普通公众要求严惩凶手、重罚被害人的情绪也非常强烈。虽然重刑主义和现代文明及刑罚理念的发展背道而驰，但是合理的报应和惩罚仍是社会公正的要求和体现，也符合我国的社会历史传统和文化发展。

刑罚的目的之一是报应，在我国多部法律中都有体现。我国刑法第一条就明确了制定刑法的目的之一就是惩罚犯罪，而刑法惩罚犯罪的目的正是通过对犯罪分子判处刑罚来实现的，也就是说，刑罚的目的之一就是惩罚和报应犯罪。我国刑事诉讼法的第一条也规定了刑事诉讼法的目的之一就是正确实施刑法以惩罚犯罪；而我国的监狱法也在第一条就明确了本法的目的之一包括正确执行刑罚，惩罚和改造罪犯。通过上述法律规定，我们可以明显看出，在我国，刑罚的目的不可能不包括报应和惩罚犯罪，没有这个目的，刑罚的价值和意义就无从发挥，其预防犯罪的功能也失去了存在的基础。因为无论从任何的角度思考，刑罚都不是一种奖励而只能是惩罚，这也是由刑罚的严厉性和痛苦性所决定的，使得刑罚的预防目的能够有所实现的前提。

另外，我国也有学者认为，“惩罚”和“报复”具有不同的含义，“报复”具有私人复仇的性质，因此不宜用刑罚具有“报复”目的这样的词汇表述我国刑罚的目的。并认为“报应”一词虽然是国际刑法学界通用的语词，但是和我国的司法语境不相符合，难以适应我国的情况准确表述我国刑罚的目的。应将“公正惩罚犯罪”作为我国刑罚的目的之一。[①] 笔者认为，如果说因为“报复”一词具有私人性并略显贬义而不适宜作为刑罚目的的观点还具有一定合理性的话，纠结于“报应”还是“惩罚”则完全没有必要。无论是报应还是惩罚，都是基于犯罪人实施了犯罪行为而产生的由其承担的不利后果，体现了对于犯罪人的否定评价和制裁，其本质上并无不同，只是表述的用词差异而已。

因此，总体来说，报应和惩罚对于犯罪人来说可以算是消极的因素，但是对于国家、社会和普通公众来说，其不仅仅是消极的，而是具有积极的价值和效用，这也是刑罚得以存在的根本原因。因此，报应和惩罚作为刑罚目的之一，具有其不可替代的效用价值。

---

① 参见韩轶：《刑罚目的的建构与实现》，中国人民公安大学出版社2005年版，第86—88页。

二、预防犯罪的刑罚目的

从法律经济学的角度来看，如果说刑罚的目的仅仅是惩罚和报应，则显得不具有说服力。功利主义哲学正是经济学的哲学基础之一，法律经济学作为法律和经济学的交叉学科，其视角除了关注正义和公平的价值之外，当然不能脱离了功利主义的思考。除了满足报应和惩罚的正义诉求之外，刑罚还具有其他功利性的目的，这是任何一个国家和社会都难以否认的。

法治是一种社会生活治理的方式，法律是和一个社会的经济基础和文明发展程度相适应的一种社会控制手段。刑法与社会政治经济文化等的联系也非常紧密，众所周知，刑法具有谦抑性和最后手段性的特征，刑罚也如一把双刃剑，用之不当则社会反受其害。因此，刑罚的设立、适用以及执行，都应该有除了报应和惩罚之外更为积极的目标和目的。用刑的最终目的是为了“无刑”，即通过刑罚的制定、适用和执行，最终达到消灭犯罪，从而不再需要用刑的目的。因此，刑罚的犯罪预防目的对国家、社会和全体公民来说，其效用价值是不言而喻的。也正因为如此，晚近以来，单纯主张刑罚目的仅在于报应和惩罚的学者已经非常少见，而刑罚预防犯罪的目的，则为越来越多的刑法学者所认可。刑罚预防犯罪的目的包括了特殊预防和一般预防，也为大多数刑法学者所接受，主张刑罚预防犯罪的目的仅为单一的特殊预防或单一的一般预防的学者，也已经非常少见。

（一）特殊预防的刑罚目的

特殊预防作为刑罚目的和根据，具有相当久远的历史，并曾经在刑法史上产生过重要影响，一定时期内在某些国家还对刑法实践产生过极为重要的指导作用，可以说曾经有过短暂的辉煌。[①] 但是，单一的特殊预防的刑罚目的观的影响还是非常有限的，难以抵挡一般预防论者的批评以及一体论的兴起。不过，特殊预防作为刑罚的目的之一，还是具有其难以替代的地位和价值。

刑罚的特殊预防目的是通过两个途径来实现的，其一，剥夺犯罪人的再犯能力；其二，矫正犯罪人。第一个途径是通过剥夺或限制犯罪人的再犯能力来达到特殊预防的目的。因为刑罚是剥夺犯罪人相关权利的惩罚手段，因此，通过刑罚的适用，可以剥夺和限制犯罪人的财产、自由（包括狭义的人身自由以及一些相关资格等广义的自由）乃至生命等权益。对上述权益的剥夺或限制，无疑在很大程度上降低了犯罪人再次犯罪的可能性。被适用死刑的犯罪人在此方面体现得最为明显。对犯罪人执行死刑以后，则其再也没有能力和机会危害社会、侵害国家、集体或他人的法益。其他刑罚种类也会大大降低犯罪人再犯的可能性。当然，刑罚的特殊预防目的的实现，具有很高的价值和社会效用，但是这一目的的实现仍需受刑罚报应目的的制约，不能为了实现特殊预防的目的而对犯罪人判处远超其罪责的刑罚。

实现特殊预防的第二个途径是矫正罪犯，即通过教育改造犯罪人，消除其人身危险性和反规范性，从而在之后的日子里做遵纪守法的公民。相比剥夺或限制犯罪人的再犯能力，刑罚的矫正或教育改造作用更为积极和重要。因为前者是消极的防范，而后者则是积极的进攻，并且后者的成本要比前者的成本小得多。当然，二者并非截然分开的，而是相辅相成、综合发挥作用的。矫正或教育改造的过程，要依托于剥夺或限制其再犯能力的过程。可以说，通过矫正、教育改造犯罪人，能够达到更为长远的、一劳永逸的效果。这样的收益，显然是国家、社会和个体公民都乐于见到和追求的目标。

从上述两个实现刑罚特殊预防目的的途径就可以看出，特殊预防作为

---

① 参见邱兴隆：《关于惩罚的哲学：刑罚根据论》，法律出版社 2000 年版，第 158—159 页。

刑罚目的之一，其价值和效用是积极的和难以否认的。无论是从功利主义的视角，还是从传统刑法中保护法益的视角出发，都不能否认特殊预防是刑罚的目的之一。当然，应该警惕的是，刑罚特殊预防的目的不能陷入功利主义的泥潭，而忽略了公平正义及刑罚报应目的的制约。

（二）一般预防的刑罚目的

相较于特殊预防，一般预防的刑罚目的具有更为重要的作用。因为从受众上来说，特殊预防针对的是已经实施了犯罪的犯罪人，而一般预防针对的是尚未实施犯罪行为的潜在犯罪人或一般公民，后者的数量显然远远超出了前者的数量，因此一般预防的重要性就显得更为突出。

在整个刑法学说史上，刑罚的一般预防目的都得到了比特殊预防目的更多的重视。虽然有少数学者否定刑罚的一般预防功能，如巴里斯与迪托斯、凯姆普、库伯等人，均认为刑罚不具有一般预防的功能和作用，因此也不可能将一般预防作为刑罚的目的。但是，更多的人为刑罚的一般预防作用辩护。古典功利论者以人具有理性为前提，论证了刑罚对人的威吓作用。如前所述，古典功利论的代表人物包括贝卡利亚、边沁和史蒂芬等人，他们均从人会根据自己的理性本能控制自己的行为从而免受刑罚的处罚这样的基础出发，认可刑罚一般预防的作用。①

当然，虽然是否所有的犯罪人均是在理性算计之后并基于其理性而实施了犯罪这一点受到了广泛的质疑，我们也很难运用数理或逻辑的方法对此予以证明，但是一个基本的常识是，正常的人都具有趋利避害的本能。即使一般威慑难以对所有的人发挥足够有效的影响而使其不实施犯罪行为，因为有很多人不顾刑罚的威慑而实施了犯罪，但是，只要一般预防的作用对大部分人甚至部分人发挥了威慑的作用而使他们选择不实施犯罪行为，那么，刑

① 参见邱兴隆：《关于惩罚的哲学：刑罚根据论》，法律出版社2000年版，第94页。

罚的一般威慑作用就是有效的。

刑法史上对一般预防的刑罚目的多有关注，也有不同的学者从不同的角度对刑罚一般预防的目的如何实现进行了论述。其中，比较有代表性的观点是立法威吓论和司法威吓论（又称行刑威吓论）。其中立法威吓论的代表人物之一费尔巴哈在刑法学说史上具有重要地位，其心理强制说为罪刑法定主义提供了理论基础，因此费尔巴哈被誉为“近代刑法学之父”。[①]

在刑罚具有一般威吓的效果这一方面，费尔巴哈提出了著名的心理强制说来加以论证。费尔巴哈认为，人是自然的存在者，当然会具有自然的本性，趋利避害是人的自然本性之一。而犯罪的成因具有社会的、个人的等多方面的原因，因此，国家和社会应该对人们进行道德教育，以构筑预防犯罪的第一道防线。但是，光有教育还不够，还要给行为人以心理强制，使其能够形成守法的习惯。而刑罚的威吓就是一种心理强制，能够起到一般威吓的效果，抑制犯罪人实施犯罪行为的心理冲动。因为刑罚给人以痛苦和折磨，而人趋利避害的本能就会驱使他们尽力避免这种痛苦，这是心理强制得以形成并发挥作用的基础。

费尔巴哈进一步认为，刑罚对人形成心理强制的前提在于法律的明确规定，对什么行为判处刑罚、判处什么样的刑罚，法律都要有明确的规定，才能保证法律的权威，并保障心理强制的充分正常发挥。这正是罪刑法定的思想，为刑罚的一般威吓提供了法律依据，从而保证了刑罚的公正性和人道性，避免威吓的残酷性和非人道性，使刑罚本身不至于沦为罪恶的渊薮和侵犯人权的工具。这也是费尔巴哈的一般威吓论被认为是立法威吓论的原因所在。[②]

---

① 参见陈兴良:《刑法的启蒙》，法律出版社 1998 年版，第 99 页。

② 参见陈兴良:《刑法的启蒙》，法律出版社 1998 年版，第 112—113 页。

除了立法威吓论，关于刑罚的一般预防目的实现的途径还有司法威吓论（行刑威吓论）的观点。持该观点的代表人物为弗兰基里（Filangieri）和格麦林（Gmelin）等人。该观点认为，刑罚的一般威吓是通过对犯罪人判处刑罚并予以执行来实现的，即通过刑罚的执行来威吓普通人，使其不至于重蹈犯罪人的覆辙。有论者认为，行刑威吓的观点相较立法威吓的观点，容易陷入野蛮和残酷刑罚的迷途，重视刑罚在执行过程中带给受刑人的痛苦，难免沦为侵犯人权的工具；并且，行刑威吓的观点难以为刑罚寻求法律上的正当根据，使得刑罚的心理强制的作用失去了依托。①

不过，不管是立法威吓论还是司法（行刑）威吓论，都认同刑罚一般威吓的效果，只是其认为刑罚发挥一般威吓的途径或机制不同而已。因此，对于刑罚具有一般预防的目的，二者并没有根本的分歧。

其实，撇开科学有效的证据不谈，仅从常识的角度，就不难认知刑罚的一般预防作用。人都有趋利避害的本能，正常的人都会合理有效地控制自己的行为以规避风险。即使人不是通过具体的功利算计得出其为或不为犯罪行为的效用的基数，但是正常的人总是可以根据自己的生活经验和价值偏好为各种选择排出效用的序数。也就是说，人会通过自己理性的思考，选择对自己来说相对比较优化的行为去实施。比如，危险驾驶罪的出现，使得醉酒驾车和酒后驾车的行为急剧减少②，笔者在很多朋友聚会的场合，经常听到因为驾车而拒绝饮酒并得到他人赞赏的例子，这无疑很能说明刑罚的一般预防的效果。当然，对于因为醉酒驾车而被刑罚处罚过的人来说，其再犯的可能性更是微乎其微，这也同时说明，刑罚一般预防和特殊预防的效果并非截然对立的，而是可以并存的。因此，刑罚一般预防和特殊预防的目的应该并行

---

① 参见陈兴良：《刑法的启蒙》，法律出版社 1998 年版，第 111—112 页。

② 关于此方面的报道可见之于多家媒体，此即为一例 http://www.jinhua.gov.cn/art/2012/5/7/art_133_107018.html，2012 年 10 月 10 日访问。

不悖，成为我们共同的追求。可以说，刑罚处罚醉酒驾车的行为，无论是对社会还是对个人来说，其积极意义都是显而易见的。

总之，探求现代刑罚的目的，应遵循主观性、积极性、人道性的原则，全面地加以把握和考量。笔者认为，实体法的精髓乃是公正，而对犯罪人进行惩罚和报应是公正的必然要求，因此，对犯罪人的惩罚可以满足公众的正义诉求和对公正的渴望，当然具有积极的效用；同时，刑罚的另一目的是通过惩罚减少和抑制犯罪，达到预防犯罪（包括一般预防和特殊预防）的效果，此方面的积极效用同样是不言而喻的。对于刑罚的报应目的和预防目的来说，二者不是非此即彼的关系，而是可以同时并存，作为我们共同的价值追求。

第三节　刑罚目的指导下之刑罚配置原则

笔者认为，从法律经济学的视角，刑法的目的既有基于正义与公正要求的报应，也有出于功利主义考量的特殊预防与一般预防。那么，在刑罚目的的指导之下，刑罚配置应遵循如下几个原则。

一、原则之一：刑罚配置的公正性

自罪刑法定原则被确立之前，刑罚的静态配置即刑罚的立法的重要性并没有凸显出来。因为在没有罪刑法定原则制约的司法环境中，刑罚的裁量具有非常大的随意性，司法官对犯罪人判处刑罚，可以超越刑法的规定（在更多的时候甚至可以说刑法根本就没有规定）而判处残酷的刑罚。而罪刑法定原则确立以后，司法官须遵循“没有法律规定就无犯罪”“没有法律规定就无刑罚”的原则，因此，刑罚的静态配置即刑罚立法的重要性就完全凸显出来。只有法律明确规定了犯罪与刑罚，司法官的刑罚裁量才有了法律上的依据和正当性。

但是，进一步说，仅有法律的明确规定，并不能保证司法官的刑罚裁量就是公正的。这一方面是因为司法官在刑罚裁量时具有一定的自由裁量空间，其难以完全保证自己的自由裁量不会偏离公正的轨道；另一方面，更为重要的是，如果立法本身是很公正，则司法官即使欲公正裁量，也是“巧妇难为无米之炊”。由此可见，刑罚的静态配置即刑罚立法确保公正的重要性就不言而喻了，它是保障公民权利、保证司法官公正裁量的必要前提。

保证刑法配置的公正性，既和刑罚论密不可分，又和犯罪论密切相关。刑罚目的论将刑罚的报应目的作为刑罚的目的之一，甚至是刑罚的首要目的，就是因为报应是公正的必然要求，而此报应也并非是毫无限制的，而是反过来受到公正的制约。而在犯罪论的层面，一个行为之所以被认定是犯罪并判处刑罚，一定是基于责任主义的要求，不能超越责任或罪责的限制判处行为人刑罚。

也正因如此，刑罚配置的公正性要求我们在刑罚立法时，必须考虑行为人行为的客观危害性。一般来说，在同样的条件下，对于客观危害性非常严重的行为的刑罚配置，一定重于客观危害性较轻的行为；反过来也是同样的道理。否则，刑罚配置就不能满足社会公众对正义的期待，从而难以获得社会公众的接受和认同，刑罚配置的公正性也就无从体现。

与此同时，刑罚配置的公正性要求我们在刑罚立法时，必须考虑行为人的主观恶性或人身危险性。不管是客观主义还是主观主义刑法理论，在犯罪行为必须满足客观要素和主观条件这一点上，没有什么不同的见解，只是二者的侧重点不同而已。因此，行为人的主观恶性或人身危险性是刑罚配置必须考虑的重要因素之一。一般来说，同样是侵犯人身或侵犯财产的犯罪，同样条件下故意犯罪的刑罚要明显高于过失犯罪的刑罚。

另外，一个值得注意的问题是，刑罚配置同样需要考虑期待可能性问题。在德日三阶层的犯罪论体系中，期待可能性问题得到了充分的讨论，也得到了足够的重视，无论是刑法理论界还是司法实务界，都将行为人的期待可能性作为重要的考量内容。虽然我国的理论和实践也对行为人的期待可能性有所关注，比如，我国对于胁从犯的规定，以及我国《刑法》第十六条将不受行为人控制的不可抗力和意外事件排除在犯罪之外的规定，都体现了期待可能性的思想，但是总体而言，我国刑法对期待可能性理论的重视程度还有些不够，无论是刑法理论界还是司法实务界，都对期待可能性理论的重要性认识不足。可以说，如果在刑罚配置时不考虑期待可能性问题，则在很大程度上违反了公正原则的要求。

下图可以合理地说明刑罚应与犯罪的严重程度相适应，从而保障刑罚的公正性。[①] 在满足实际惩罚的量高于完全获利赔偿的前提下，犯罪行为越严重，对行为人施加的惩罚（刑罚）也越重，才能保障刑罚的公正性。

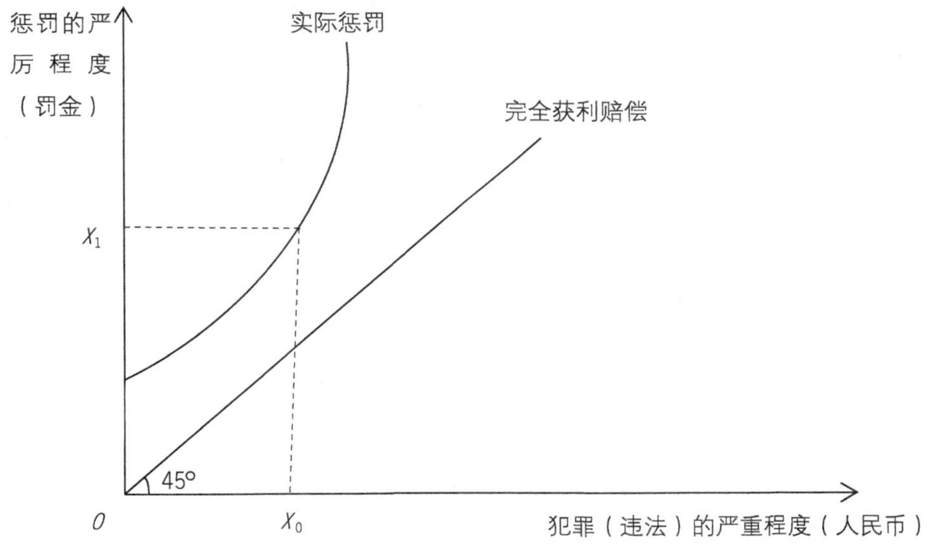

图 4.1　惩罚的严厉程度是犯罪严重程度的函数

总之，刑罚配置的公正性，就是要求刑罚的设置要和犯罪行为的客观危害和行为人的主观恶性相适应，并充分考虑到行为人的个人的附随情状，全面地加以考虑和衡量，使得刑罚的配置和犯罪行为相均衡，以满足公正的要求。

---

① 该图可参见（美）罗伯特·考特、托马斯·尤伦：《法和经济学》（第五版），史晋川等译，格致出版社·上海三联书店·上海人民出版社 2010 年版，第 466 页。该图以财产犯罪为例说明刑罚应与犯罪的严重程度相适应，但是其思路和理念同样适用于其他类型的犯罪，只是其他类型的犯罪与刑罚的函数关系远比财产犯罪与其刑罚的关系复杂得多。

二、原则之二：刑罚配置的平等性

刑罚配置的公正性是从刑罚设置应和犯罪行为及行为人相适应的角度对刑罚配置问题加以把握，而刑罚配置的平等性则是从整个刑罚体系的协调性出发考虑问题。要保持刑罚配置的平等性，就是要保证相同或类似种类的犯罪行为，在刑罚配置方面要保持类似或接近，不能差距过于明显和悬殊，从而保障整个刑罚体系的协调。

对相同种类或相近似种类的犯罪配置相同或近似的刑罚，也是正义的要求和公众的合理期待。一般来说，相同种类或相近似种类的犯罪行为，因其侵害的客体相同或近似，其社会危害性也比较接近并具有可比性，如果对之配置的刑罚具有很大的差异，则难免给人以不平等之嫌，违背了法律平等、正义的基本要求。在我国目前的刑法中，基本上能够保持刑罚体系的整体协调，但是在局部，还是存在刑罚配置明显不相协调的现象，给法律权威和司法公正带来了消极影响。

比如，我国刑法中规定了贪污罪和受贿罪，二者所侵害的客体虽不完全相同但基本接近，而且这两种犯罪都具有财产性的内容，法律对二者规定了相同的法定刑，保持了二罪在刑罚方面的协调。但是，对于与贪污罪和受贿罪主体相同，也同样具有财产性内容的巨额财产来源不明罪，其法定刑和贪污罪、受贿罪的法定刑明显不相协调。

贪污罪和受贿罪，对于犯罪数额在十万元以上的，判处十年以上有期徒刑或者无期徒刑，可以并处没收财产；情节特别严重的，处死刑，并处没收财产。可见，我国对贪污罪和受贿罪的处罚，还是比较严厉的。而巨额财产来源不明罪的法定刑则相对低了很多。在通过刑法修正案对巨额财产来源不明罪的法定刑进行修改之前，其最高刑期仅为五年，即使是通过刑法修正案对该罪法定最高刑进行修改提高之后，其最高刑期也仅仅为十年。

对于巨额财产来源不明罪来说，其主体和贪污罪、受贿罪的主体完全相同，均为国家工作人员，也同样是以财产性为重要内容。但是，其刑罚配置却相去甚远。对于国家工作人员来说，并不是其财产、支出明显超过合法收入且差额巨大即可构成巨额财产来源不明罪，有关工作人员还会责令该国家工作人员说明来源，不能说明来源的，差额部分才以非法所得论。对于差额特别巨大的，判处五年以上十年以下有期徒刑，财产的差额部分予以追缴。与贪污罪和受贿罪比较起来，巨额财产来源不明罪的非法收入的数额往往更为巨大，但是同样甚至更高的数额，巨额财产来源不明罪的量刑最高也就是十年有期徒刑，这和贪污罪和受贿罪的最高刑为死刑相比，显然有些失衡。

其实，稍有生活常识的人都可以符合逻辑地推知，作为国家工作人员，在拥有巨额财产而且其收入又完全合法的情况下，不会在面临被以巨额财产来源不明罪定罪量刑的风险的时候，仍拒不说明其财产的合法来源。其拒不说明来源，只能说明财产来源是非法的。作为国家工作人员，其非法财产最有可能的来源途径就是受贿和贪污，当受贿和贪污的量刑高于巨额财产来源不明罪的时候，其拒不说明财产来源而甘受巨额财产来源不明罪的刑罚处罚，就是一个非常理性而正常的结果。并且，其拒不说明财产的合法来源，同时说明其主观方面的恶性，其在面对法律审判的时候，根本没有悔改之意，而是企图通过拒不说明来源这样的途径，换取更轻的刑罚。由此，巨额财产来源不明罪的刑罚畸轻，难以和受贿罪与贪污罪的刑罚保持均衡与协调，就是非常明显的了。因此，笔者认为，巨额财产来源不明罪的刑罚还应当上调，即加重对此类行为的处罚，方能保持刑罚体系的协调性与合理性。

除了同种主体、相似犯罪的刑罚应当保持均衡与协调之外，还应该保持不同主体、相似犯罪的刑罚的配置的平等性。比如，盗窃罪的主体为一般主体，贪污罪的主体为特殊主体，即国家工作人员。盗窃罪侵犯的客体为公私财产所有权，贪污罪侵犯的客体除了公共财产的所有权之外，还侵犯了国家工作人员职务行为的廉洁性。因此，即使盗窃罪和贪污罪的犯罪数额相同，后者的危害性也比前者更大，也理应配置相对更重的刑罚。比较两个罪名的轻重，除了比较法定最高刑、量刑幅度及刑种设置之外，还应看其入罪门槛。

虽然在法定最高刑方面，贪污罪的法定最高刑为死刑，而盗窃罪最高刑为无期徒刑，但是在入罪门槛方面，则是盗窃罪的入罪门槛更低，而贪污罪的入罪门槛更高。在司法实践中，贪污罪的入罪门槛一般是五千元，有的地方甚至会更高；而盗窃罪的入罪门槛一般在一千元甚至更低，即使稍高也不会高于两千元。显然，和盗窃罪相比，贪污罪的入罪门槛要高出很多，也就是说，法律对盗窃罪的宽容度要低于对贪污罪的宽容度。既然在同样数额的条件下贪污罪的社会危害性较盗窃罪的社会危害性为高，则在入罪门槛方面贪污罪应该低于盗窃罪才对，但是事实却与此相反。这显然违反了刑罚配置的平等性原则，也与公众的法感情和期待不相符合。

三、原则之三：刑罚配置的效益性

刑罚配置的效益性是指，我们在配置刑罚的时候，一定要考虑刑罚配置的成本和收益，即运用成本—收益分析方法，权衡刑罚的成本与收益，确保收益大于成本，并争取效益的最大化。这是由法律经济学的思维方式和理念所决定的。刑罚配置的效益性应从宏观和微观两个角度加以思考。从宏观的角度，就是整个刑罚体系的配置应当尽量合理，使得控制犯罪的收益与因为应对犯罪行为而投入的公共资源成本的差额最大化，也就是整体上使得刑罚配置的效益最大化。从微观的角度，则是使个罪的刑罚配置满足效益性的要求，在不违反公正性和平等性原则的基础上，对个罪的刑种、刑量进行详细的成本—收益分析，以追求个罪刑罚配置的效益性。

从宏观的角度来说，我们知道，任何一个社会都不可能完全杜绝犯罪行为。理论上说，只要投入足够多的公共资源，比如配置足够多的警察等相关公职人员，并为这些人员配置足够多和足够先进的设备设施，完全杜绝犯罪行为是有可能的，但是事实并非如此。这是因为公众对公共资源投入的承受能力是有限的，有时候人们宁愿在一定程度上承担被犯罪行为侵犯的风险，而不愿意承担高额的难以承受的税负支出。这样一来，如何让有限的公共资源发挥其最大的效用，即如何通过有限的公共资源投入将犯罪行为控制在最低水平，就是一个非常重要的理论和实践问题。

通过刑罚的配置来控制犯罪行为，就是充分发挥公共资源效用的一个重要方式。刑罚配置合理，就能用最少的公共资源支出，获取最大的犯罪控制的收益，从而达到刑罚配置的效益最大化。如何保持刑罚配置的最优水平，可以从下图予以分析。①

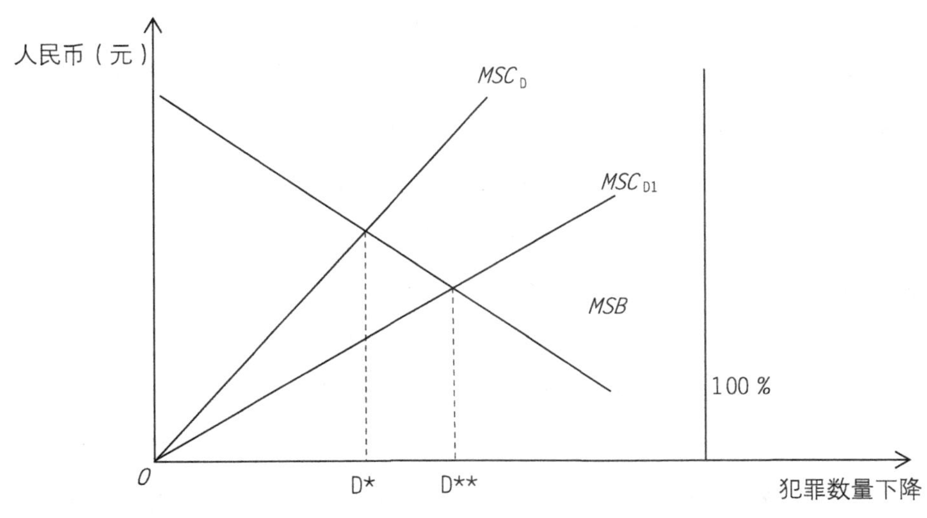

图 4.2　犯罪威慑的有效水平

① 该图可参见（美）罗伯特·考特、托马斯·尤伦：《法和经济学》（第五版），史晋川等译，格致出版社·上海三联书店·上海人民出版社 2010 年版，第 482 页。

上图中，横轴代表犯罪数量下降的程度，纵轴代表人民币价值。曲线MSCD表示犯罪数量下降的边际社会成本曲线；曲线MSB为犯罪率下降的边际社会收益曲线。也就是说，随着犯罪数量或犯罪率的减少或下降，边际社会收益呈下降的趋势，而边际社会成本呈上升的趋势。当边际社会收益和边际社会成本相等时，此时犯罪数量的下降水平为D*，该种情形下的犯罪威慑处于最优水平。当边际社会成本曲线发生变化时（MSC D1），犯罪威慑的最优水平也会相应改变（D**）。

我们知道，不同种类的刑罚，其社会成本差异是非常巨大的。对于我们国家的刑种来说，死刑、自由刑（此处所说的自由刑是广义的，包括监禁刑和资格刑）和财产刑（包括罚金和没收财产）的社会成本差异显而易见。死刑的经济成本非常低廉，但是因为个体生命的不可替代性以及死刑（立即）执行的不可逆转性，死刑的非经济成本是非常高昂的。而自由刑尤其是监禁刑则需要国家财政的高额投入，比如监狱的建设、狱政管理人员及相关警戒设备的配备等，都需要公共财政的支出，其经济成本是非常高昂的。财产刑则是另一番景象，因为财产刑基本上只是财产的转移，其社会成本基本可以忽略不计，从效益的角度来说，是应当优先选择的刑种。

从微观的角度来说，正如前文所阐明的，法律经济学分析的一个基本前提，就是假设人（包括法律中的法人）是理性的，他会根据自己的价值选择与风险偏好，通过成本—收益的比较而决定自己的行为选择，当实施犯罪行为相比不实施犯罪行为能够为其带来相应的效益时，其会选择实施犯罪行为；当实施犯罪行为所付出的成本大于收益时，其会选择不实施犯罪行为。基于这样的思路，我们就应当考量，如何配置刑罚，能够带来最大的威慑效果，从而可以有效地遏制和预防未然的犯罪。

但是，刑罚配置的效益性当然并不仅仅是从经济的角度加以衡量，既然刑罚的目的在于报应和预防，那么，刑罚配置的效益性就是在满足公正性、平等性的基础上，方能加以考量的问题。也就是说，只有在保持刑罚的公正性、平等性，保障罚当其罪、罪刑均衡的情况下，再予以考虑刑罚的效益性问题，才是合理的。

四、原则之四：刑罚配置的人道性

在漫长的人类历史长河中，刑罚曾经是惨无人道的、甚至可以说是惨绝人寰的阶级统治和阶级压迫的工具，不管是我国还是其他国家，都曾经历过非常严酷的死刑威吓的时代。在刑罚史上，仅死刑一种刑罚，就具有非常多样的执行方式，为我们熟知的有炮烙、车裂、火刑、凌迟、斩首……想一想都让人不寒而栗，其对人性的尊严和人的心理都是一种巨大的摧残和伤害，而且这样的摧残还持续了相当长的历史时期。

进入近代，尤其是文艺复兴和启蒙运动以来，人道主义的理念被广泛传播和弘扬，对人格尊严、人的价值的尊重得到了日益广泛的认同，人道主义迅速成为西方资产阶级最重要的社会价值理念之一。[①] 时至今日，人道主义因其对人格尊严、人的价值的尊重而为国际社会所普遍认可，成为人类的普世价值之一，成为人类社会共同的价值准则，为各国国际国内政治交往的指导性原则之一。

刑罚配置的过程，是一个国家和地区的重要的政治活动内容，对一个国家及其社会公众的影响是显而易见的。刑罚的种类、严厉程度、执行方式等内容，受制于一个国家的经济发展条件和文化发展程度，也在很大程度上决定了一个国家的文明水准。因此，随着社会文明发展的不断进步，刑罚配置的人道性原则得到了普遍的贯彻和体现。我国立志成为一个民主、文明、

① 参见陈兴良：《刑法的价值构造》，中国人民大学出版社2006年第2版，第356页。

发达的法治化的社会主义国家，人道性原则当然也是我们配置刑罚的基本原则之一。

贯彻刑罚配置的人道性原则，应当遵循如下几个基本的要求，一是严格限制和控制死刑；二是刑罚尽量宽缓；三是死刑和自由刑执行的人道性；四是多适用财产刑。

死刑问题是刑罚领域一个争议最大、争论也最为激烈的问题。在很大程度上我们可以说，死刑问题不仅仅是一个法律问题，同时还是政治问题、哲学问题。死刑存废问题作为一个刑法学的议题，其争论可谓旷日持久，至今仍未在法学界形成一个让人信服的统一结论。但是，持续的争论促使我们更为理性、更为深入地探讨死刑问题，为我们更好地认识死刑、更好地推进刑罚改革提供了理论营养和价值支撑。显而易见，在当今世界，限制和废除死刑的呼声日益高涨，尤其是进入二十世纪八十年代以来，限制和废除死刑已经成为一股席卷世界的刑罚改革的历史潮流。①

在笔者看来，死刑问题既是一个刑法问题，也是法律问题，更是经济问题、政治问题、哲学问题。在现阶段的中国，完全废除死刑还不现实，也不符合历史发展的规律和要求。对于现阶段我国死刑存在的合理性，笔者后文将进行进一步的探讨。在此笔者想说的是，在认可死刑具有存在的合理性的前提之下，刑罚配置的人道性要求我们一定要严格限制和控制死刑，使死刑的适用被控制在最小的范围内。

除了严格限制和控制死刑的适用，刑罚配置的人道性还要求刑罚的宽缓化。在中外历史上，重刑主义的理念曾经大行其道，严刑峻法屡见不鲜，其残酷性和非人道性让人发指。我国具有几千年的封建历史，刑罚的重要性被历朝历代的封建统治者所重视，统治阶级发明了形形色色残酷的刑罚，肉

---

① 参见梁根林：《公众认同、政治抉择和死刑控制》，载《法学研究》2004年第4期。

刑被广泛地适用，执行方式也是极尽残酷恐怖之能事，力图恐吓和镇压人们的反抗行为和反抗意识。新中国成立后，建立了全新的法律体系和法律制度，法律的文明程度不断提高，虽然经历了“文革”的曲折，但是法律整体的发展趋势是不断地趋于文明和人道主义化，具有历史的进步性。随着我国经济社会的不断发展及法治化程度的不断提高，刑罚将进一步趋向宽缓化，这是刑罚配置的人道性的必然要求和历史发展的大势所趋。

死刑和自由刑执行的人道性也是刑罚配置人道性的要求之一。历史上，死刑的执行方式多种多样，有的执行方式会给被执行人带来巨大的肉体和精神痛苦。新中国成立后死刑的执行方式主要是枪决，但是近期以来，注射执行死刑的方式得到了逐步的推广，相对于枪决执行方式，注射执行死刑带给被执行人的精神和肉体痛苦较小，是对人的尊严和价值的尊重，这种比较人道化的执行方式理应得到更多的推广，以体现我们对人性尊严的重视与尊重。自由刑作为一个非常重要、适用率高的刑种，在刑罚体系中具有重要的地位，其执行方式也应逐渐更加人道化。由于经济和文化的原因，我国的自由刑执行条件还是相对比较落后的，监舍条件、服刑人员密度都处于较为落后的水平，和世界发达国家相比还非常落后。随着经济发展水平的不断提高，以及文明文化水平的不断进步，自由刑的执行也应向更加人道化的方向发展。

除此之外，刑罚执行的人道性原则还要求更多地配置财产刑，尤其是针对财产性犯罪来说。这是因为，对于财产性犯罪来说，财产刑的惩罚性同样是很明显的，行为人实施财产犯罪是为了获取财产性的利益，财产刑对其财产利益的剥夺对其逐利动机是一个很有效的威慑，行为人基于功利的考虑，会抑制自己通过犯罪行为逐利的冲动。因此，财产刑的预防功能同样可以充分而有效地发挥；同时，相比其他种类的刑罚来说，财产刑的社会成本是最低的，整体而言其效益较高。另外，财产刑相比其他刑罚来说，对行为人的人身自由和人的价值更为尊重，使得他们及其家人受到刑罚的负面影响降至最低，有利于其更快地适应社会。

总之，刑罚配置的人道性是刑罚制度发展的大势所趋，是人道主义价值理念在刑法领域的重要体现，也是法治和刑罚体系改革的重要方向。

结 语

本书对犯罪行为所做的法律经济学意义上的分析，尚显得非常粗浅。但是，法律经济学在世界范围内的迅猛发展已经表明，法律经济学在部门法领域的发展空间非常广阔，尤其是在我国，法律经济学的发展尚处于初级阶段，法律经济学和部门法的结合还远未普及，法律经济学和部门法的结合，对法律经济学与部门法的发展来说，都具有极为重要的意义。

当然，由于经济学的价值追求和法学的价值追求具有明显的不同，这也导致了经济学家和法学家在若干问题上的不同视角和不同结论。尤其是作为公法的刑法，其追求社会公平正义和公民个人权利保护的价值目标极为明显，这和经济学中追求经济效益和效率的价值目标具有很大的差异，有时候这种差异甚至会带来极大的冲突。比如从经济学的角度，罚金的社会成本是最低的，因此所有的犯罪行为的处罚，都应当优先适用罚金刑，只有当罚金刑难以实现刑罚的预防目的时，方才考虑其他种类的刑罚。但是，从法学的角度，由于受刑人个人经济条件的差异，罚金刑的局限性还是非常明显的，无论是从社会公正的角度，还是从刑罚的惩罚目的的角度，罚金刑都不可能完全替代或者大部分替代其他的刑罚种类，至少在目前的中国当是如此。

法律经济学和经济学的价值追求具有明显的差异，这一点常常被很多人所忽略。本书中将法律经济学的基础理论予以简单的梳理，将成本—收益分析理论应用于犯罪行为分析的过程中，并将刑罚的成本进行了较为详细的分析，在强调刑罚的经济成本的同时，重点关注了刑罚的非经济成本，正是关照了法律对社会公平正义的价值追求，将经济成本之外的社会成本予以考量，才在很大程度上保持了犯罪与刑罚的成本—收益分析的合理性。正因如此，法律经济学的分析和单纯从经济学角度的分析，可能会得出不同的结论。

当然，对于法律经济学与刑法的深入结合所具有的广泛前景来说，本书所做的关于犯罪行为的法律经济学分析仅仅是一个肇始，一个微不足道的开端和尝试。虽然可能应者寥寥，但是，即使是几个遥远的回声，对于刚刚开始学术生涯的一个新人来说，仍具有极为重要的意义和影响。

参考文献

（一）中文专著

柏桦:《中国古代刑罚政治观》，人民出版社 2008 年版。

蔡枢衡:《中国刑法史》，广西人民出版社 1983 年版。

蔡一军:《刑罚配置的基础理论研究》，中国法制出版社 2011 年版。

陈兴良:《刑法的启蒙》，法律出版社 1998 年版。

陈兴良:《刑法适用总论（下卷）》，法律出版社 1999 年版。

陈兴良:《死刑备忘录》，武汉大学出版社 2006 年版。

陈兴良:《刑法适用总论（下卷）》(第二版)，中国人民大学出版社 2006 年版。

陈兴良:《刑法的价值构造》，中国人民大学出版社 2006 年第 2 版。

陈兴良:《刑种通论》(第二版)，中国人民大学出版社 2007 年版。

陈正云:《刑法的经济分析》，中国法制出版社 1997 年版。

储槐植:《美国刑法》，北京大学出版社 2012 年第 4 版。

邓文莉:《刑罚配置论纲》，中国人民公安大学出版社 2009 年版。

丁社教:《法治博弈分析导论》，西北工业大学出版社 2007 年版。

董淑君:《刑罚的要义》，中国标准出版社 2005 年版。

冯玉军:《法律与经济推理——寻求中国问题的解决》，经济科学出版社 2008 年版。

高铭暄主编:《刑法学原理(第3卷)》,中国人民大学出版社1993年版。

高铭暄、马克昌主编:《刑法学》,北京大学出版社2000年版。

高铭暄、赵秉志编:《刑罚总论比较研究》,北京大学出版社2008年版。

韩轶:《刑罚目的的建构与实现》,中国人民公安大学出版社2005年版。

韩忠谟:《刑法原理》,北京大学出版社2009年版。

郝方昉:《刑罚现代化研究》,中国政法大学出版社2011年版。

郝守才等:《近代西方刑法学派之争》,河南大学出版社2009年版。

何秉松主编:《刑法教科书》,中国法制出版社2000年版。

黄立:《刑罚的伦理审视》,人民出版社2006年版。

李川:《刑罚目的理论的反思与重构》,法律出版社2010年版。

廖斌:《监禁刑现代化研究》,法律出版社2008年版。

林东茂:《一个知识论上的刑法学思考》,台湾五南图书出版公司,2001年第2版。

林立:《法学方法论与德沃金》,台湾学林文化事业有限公司2000年版。

林立:《波斯纳与法律经济分析——一个批判性的探究》,台湾学林文化事业有限公司2004年版。

刘强:《英国社区刑罚执行制度研究》,中国法制出版社2011年版。

马登民、徐安住:《财产刑研究》,中国检察出版社2004年版。

马克昌主编:《近代西方刑法学说史略》,中国检察出版社1996年版。

马克昌:《刑罚通论》,武汉大学出版社1999年第2版。

马克昌:《比较刑法原理:外国刑法学总论》,武汉大学出版社2002年版。

马克昌主编:《刑法学》,高等教育出版社2003年版。

马松建:《死刑司法控制研究》,法律出版社2006年版。

邱兴隆:《关于惩罚的哲学：刑罚根据论》，法律出版社 2000 年版。

邱兴隆主编:《比较刑法（第一卷）：死刑专号》，中国检察出版社 2001 年版。

邱兴隆:《刑罚的哲理与法理》，法律出版社 2003 年版。

沈海平:《寻求有效率的惩罚 : 对犯罪刑罚问题的经济分析》，中国人民公安大学出版社 2009 年版。

史晋川等:《法律经济学：理论与应用》，经济科学出版社 2011 年版。

史晋川、黄少安主编:《中国法经济学研究》(2008—2010)，经济科学出版社 2012 年版。

孙运梁:《福柯刑事法思想研究 : 监狱、刑罚、犯罪、刑法知识的权力分析》，中国人民公安大学出版社 2009 年版。

汪丁丁等:《制度经济学三人谈》，北京大学出版社 2005 年版。

王洪青:《附加刑研究》，上海社会科学院出版社 2009 年版。

汪洪涛:《制度经济学 : 制度及制度变迁性质解释》，复旦大学出版社 2009 年版。

王则柯:《人人博弈论》，中信出版社 2007 年版。

吴宗宪等:《非监禁刑研究》，中国人民公安大学出版社 2003 年版。

吴宗宪编:《中国刑罚改革论》(上)，北京师范大学出版集团、北京师范大学出版社 2011 年版。

吴宗宪编:《中国刑罚改革论》(下)，北京师范大学出版集团、北京师范大学出版社 2011 年版。

谢哲胜主编:《法律经济学》，台湾五南图书出版公司 2007 年版。

熊秉元:《法律经济学开讲》，台湾时报文化出版企业股份有限公司 2007 年版。

徐久生:《刑罚目的及其实现》，中国方正出版社 2011 年版。

于志刚主编:《刑法问题与争鸣》2000年第二辑，中国方正出版社2002年版。

张晨光:《刑罚的历史》，吉林大学出版社2010年版。

张明楷:《外国刑法原理》，清华大学出版社1999年版。

张明楷:《刑法学》(第三版)，法律出版社2007年版。

张乃根:《经济学视野里的法律现象》，中国政法大学出版社2003年版。

张乃根:《西方法哲学史纲》，中国政法大学出版社2008年版。

赵秉志主编:《外国刑法原理(大陆法系)》，中国人民大学出版社2000年版。

赵秉志主编:《英美刑法学》，中国人民大学出版社2004年版。

赵秉志、(加)威廉·夏巴斯主编:《死刑立法改革专题研究》，中国法制出版社2009年版。

翟中东主编:《自由刑变革——行刑社会化框架下的思考》，群众出版社2005年版。

朱久伟等编:《刑罚执行视野下的社区矫正》，法律出版社2011年版。

王利宾:《法律经济学视阈下民生犯罪刑法规制研究》，法律出版社2015年版。

汤自军:《法经济学基础理论研究》，西南交通大学出版社2017年版。

(二)外文译著

(德)李斯特:《德国刑法学教科书》，徐久生译，法律出版社2000年版。

(德)约翰内斯·韦塞尔斯:《德国刑法总论》，李昌珂译，法律出版社2008年版。

(德)克劳斯·罗克辛:《德国刑法学总论》(第1卷)，王世洲译，法律出版社2005年版。

（德）米夏埃尔·帕夫利克:《人格体 主体 公民：刑罚的合法性研究》，谭淦译，中国人民大学出版社 2011 年版。

（美）杰罗姆·柯恩、赵秉志主编:《死刑司法控制论及其替代措施》，法律出版社 2008 年版。

（美）加里·S. 贝克尔:《人类行为的经济分析》，王业宇等译，上海三联书店、上海人民出版社 2008 年第 2 版。

（美）唐纳德·A. 威特曼编:《法律经济学文献精选》，苏力等译，法律出版社 2006 年版。

（美）理查德·波斯纳:《法律的经济分析》，蒋兆康译，中国大百科全书出版社 1997 年版。

（美）罗伯特·考特和托马斯·尤伦:《法和经济学》（第五版），史晋川等译，格致出版社·上海三联书店·上海人民出版社 2010 年版。

（美）柏士纳:《法律之经济分析》，唐豫民译，台湾商务印书馆 1987 年版。

（美）道格拉斯·C. 诺思:《经济史中的结构与变迁》，上海三联书店、上海人民出版社 1994 年版。

（美）R. 科斯、A. 阿尔钦、D. 诺斯等著:《财产权利与制度变迁——产权学派与新制度学派译文集》，上海三联书店、上海人民出版社 1994 年版。

（美）斯蒂文·萨维尔:《法律的经济分析》，柯华庆译，中国政法大学出版社 2009 年版。

（美）理查德·波斯纳（Richard Allen Posner）:《法律的经济分析》，蒋兆康译，法律出版社 2012 年版。

（美）理查德·A. 波斯纳:《正义 / 司法的经济学》，苏力译，中国政法大学出版社 2002 年 5 月第 1 版。

（美）尼古拉斯·麦考罗:《经济学与法律：从波斯纳到后现代主义》，

法律出版社 2005 年版。

（美）罗伯特·考特（R.Cooter.）、托马斯·尤伦（T.Ulen.）:《法和经济学》，史晋川等译，格致出版社、上海三联书店、上海人民出版社 2010 年版。

（美）A. 爱伦·斯密德（A.A.Schnid.）:《财产、权力和公共选择：对法和经济学的进一步思考》，黄祖辉等译，上海三联书店、上海人民出版社 1999 年版。

（美）尼尔·K. 考默萨:《法律的限度：法治、权利的供给与需求》，申卫星等译，商务印书馆 2007 年版。

（美）约翰·康芒斯（J.R.Commons.）:《制度经济学》(上)，赵睿译，华夏出版社 2009 年版。

（美）约翰·康芒斯（J.R.Commons.）:《制度经济学》(下)，赵睿译，华夏出版社 2009 年版。

（美）道格拉斯·C. 诺思:《制度、制度变迁与经济绩效》，杭行译，格致出版社、上海三联书店、上海人民出版社 2008 年版。

（美）理查德·A·波斯纳 (Richard A. Posner):《法理学问题》，苏力译，中国政法大学出版社 2002 年版。

（美）西莉亚·布朗奇菲尔德:《刑罚的故事》，郭建安译，法律出版社 2006 年版。

（美）齐林：《犯罪学及刑罚学》，查良鉴译，中国政法大学出版社 2003 年版。

（日）西原春夫:《刑法的根基与哲学》，顾肖荣等译，法律出版社 2004 年版。

（日）大谷实:《刑法讲义总论》(新版第 2 版)，黎宏译，中国人民大学出版社 2008 年版。

（日）山口厚:《刑法总论》(第 2 版)，付立庆译，中国人民大学出版社 2011 年版。

（斯洛文尼亚）卜思天・M. 儒攀基奇:《刑法:刑罚理念的批判》，何慧新等译，中国政法大学出版社 2002 年版。

（意）贝卡利亚:《论犯罪与刑罚》，黄风译，中国法制出版社 2005 年第 2 版。

（意）切萨雷・贝卡里亚:《论犯罪与刑罚》，黄风译，北京大学出版社 2008 年版。

（英）艾伦・诺里:《刑罚、责任与正义:关联批判》，杨丹译，中国人民大学出版社 2009 年版。

（三）期刊论文

马克昌:《论刑罚的本质》，载《法学评论》1995 年第 5 期。

谢望原:《论英、美法学家关于刑罚本质的认识》，载《法学评论》1998 年第 2 期。

王世洲:《现代刑罚目的理论与中国的选择》，载《法学研究》2003 年第 3 期。

梁根林:《公众认同、政治抉择与死刑控制》，载《法学研究》2004 年第 4 期。

陈兴良:《刑罚目的新论》，载《华东政法学院学报》2001 年第 3 期。

李念祖:《刑罚功能与应报论均受人道主义制约——对死刑维持论的答复》，载台湾《司法改革杂志》2003 年 10 月刊（47 期）。

黄晓亮:《论完善我国现行刑罚体系的原则与思路》，载《当代法学》2010 年第 1 期。

朱明敏:《论我国自由刑刑罚体系的缺陷及完善》，载《杭州商学院学报（原浙江省政法管理干部学院学报）》2003 年第 4 期 (总第 61 期)。

李震：《刑罚轻缓化的刑事政策基础》，载《安徽警官职业学院学报》2007年第6期。

黄新华：《基于不同视角的法律经济学研究：一个文献综述》，载《财经问题研究》2007年第2期。

王明正：《法经济学学科定义文献综述》，载《商业经济》2015年第7期。

时显群：《波斯纳对法律的经济分析及其在当代的意义》，载《学术交流》2006年第6期。

时显群：《波斯纳法律经济学的影响和变革意义》，载《政治与法律》2008年第3期。

简资修：《华文的法律经济学道路》，载《中国法律评论》2017年第3期。

简资修：《〈经济解释〉：法律的经济学教本》，载《中国法律评论》2016年第3期。

薛祥海：《关于对法律进行经济分析的三个角度》，载《当代经济》2017年第2期。

蔡荣：《法经济学视野下刑罚体系的效益化改造》，载《学术探索》2018年第5期。

徐祎苧、文琳：《〈刑法修正案（九）〉终身监禁制度之商榷——终身监禁制度之辨析及其制度改造之经济分析》，载《企业经济》2017年第11期。

武美华：《从法学方法论角度看经济分析法学》，载《中北大学学报（社会科学版）》2006年第6期。

马震：《大陆法系法律经济学的进路——作为方法论的法律经济分析》，载《法学论坛》2006年第3期。

王博阳：《对波斯纳和法律经济分析的一个争辩式解读——兼与林立先生商榷》，载《山东大学学报（哲学社会科学版）》2016年第5期。

朱哲等：《对马克思主义的经济分析法学的探讨》，载《理论探讨》

2005 年第 5 期。

云立新:《对马克思主义法律经济分析理论的再认识》，载《甘肃理论学刊》2010 年第 5 期。

武暾:《法经济分析的贡献、批判及回应》，载《周口师范学院学报》2013 年第 1 期。

朱全景:《法经济学 : 法律的经济分析和经济的法律分析》，载《法学杂志》2007 年第 3 期。

史晋川、吴晓露:《法经济学：法学和经济学半个世纪的学科交叉和融合发展》，载《财经研究》2016 年第 10 期。

李江:《法经济学本土化研究范式与理论传承》，载《商业研究》2009 年第 7 期。

周乾:《法经济学的学科属性、研究路径与发展趋势》，载《山西大同大学学报（社会科学版）》2016 年第 2 期。

关立新、张天勖:《法经济学中国化的理论基础和现实指向》，载《学习与探索》2008 年第 5 期。

李树:《法律背后的经济逻辑——法律的经济分析及其理论表现》，载《学术界》2011 年第 8 期。

张进、王家兵:《刑法的经济与反经济分析》，载《政法学刊》2006 年第 1 期。

盖宏:《犯罪成本的法律经济分析》，载《现代妇女（理论版）》2014 年第 4 期。

张颖杰、周存平:《刑法经济性论略》，载《襄樊学院学报》2006 年第 3 期。

姜保忠:《论刑事司法和刑事错案的成本》，载《法学杂志》2017 年第 9 期。

蔡荣:《法经济学视野下刑罚体系的效益化改造》,载《学术探索》2018 年第 5 期。

侯建平、苏延年:《受贿罪的法律经济分析》,载《三峡大学学报(人文社会科学版)》2007 年第 6 期。

王利宾:《论扰乱法庭秩序罪的立法完善——以法律经济学为分析视角》,载《中国人民公安大学学报(社会科学版)》2017 年第 1 期。

致　谢

在我求学和从事学术研究的过程中，有众多师长和亲友的支持。我的博士生导师韩玉胜教授给予我慈父般的护佑和关爱，我的博士后合作导师喻中教授给了我全新的学术视野，他渊博的学识让我高山仰止，也给了我不断努力攀登学术高峰的不竭动力。

中国人民公安大学的领导和同事给了我有力的支持和真挚的友谊，让我能够有机会跟随喻中教授做博士后研究，探索法律经济学这一年轻而又富有朝气、具有无限前景的学术领域，并将其和我本来的专业刑法学相结合，进行虽然艰辛但又充满趣味的交叉学科的相关研究。

最后，我要感谢我的父母和岳父母，他们为我们默默付出，毫无怨言。还有我的爱人张颖女士，她不仅在我从检察院辞职之后的几年间，独自支撑我们的生活，而且，在儿子成长的过程中，她承担了很多繁重的家务，使我能够安心进行我的学术研究。我要做的，就是尽我的最大努力，让他们以后的生活更加幸福、平安。